WISSENSCHAFT TRIFFT KOHLENPOTT

KLARTEXT

**Wissenschaft trifft Kohlenpott
Forschen und Leben im Ruhrgebiet**

Herausgegeben von
Joscha Beckmann, Björn Behr,
Robert Czudaj, Jana Hertwig,
Stephanie Christine Joachim, Stefan Kaluza,
Rudolf Andre Kley, Rabea Kohnen,
Franziska Rehlinghaus, Mario Reimer,
Julia Sattler, Christoph Schuck

Impressum

1. Auflage 2015

Gestaltung und Satz
Volker Pecher, Essen

Gestaltung Umschlag
Marc Hartstein, Holzwickede

Bildnachweis
Uwe Grützner:
Fotos Fachbeitrag Reicher.

Marita Bullmann:
Orlova, Schulz, Eysel, Gerhard,
Kleiner, Lorke, Siedentop, Weidner, Weiler.

Fatih Kurceren:
Ammer, Atan, Benksch, Garth, Heinrichs,
Peters, Rohmann, Strenger, Strübbe, Radtke.

Andreas Buck:
Gather

Heike Kandalowski:
Fotos Abschlussveranstaltung
und Performance.

Druck und Verarbeitung
Multiprint, Bulgarien

© Klartext Verlag, Essen 2015
ISBN 978-3-8375-1305-9
Alle Rechte vorbehalten

www.klartext-verlag.de

Inhalt

6 Ruhrgebiet: Identität im Wandel

8 Die starke Rolle der Wissenschaft für das Ruhrgebiet

10 Karina Strübbe
Galopprennbahn, Dortmund-Wambel

14 Stefan Siedentop
Stadion Rote Erde, Dortmund

18 Willi Garth
Phoenix-See, Dortmund-Hörde

22 Ute Gerhard
Gebäude der TU Dortmund in
der Emil-Figge-Str. 50, Dortmund

26 Christa Reicher
Leitlinien für einen
Zwei-Maßstabs-Urbanismus RUHR

32 Ursula Gather
Campus der TU Dortmund, Dortmund

36 Matthias Kleiner
Institut für Umformtechnik und Leichtbau
der TU Dortmund, Dortmund

40 Nagihan Atan
Alter Hellweg, Dortmund

44 Joana Seiffert / Stefan Berger
„Orte Ihres Lebens". Das Konzept der
Erinnerungsorte und die Frage
nach der Identität im Ruhrgebiet

50 Anja Tillmann
Güterbahnhof Langendreer, Bochum

54 Elmar Weiler
Botanischer Garten der Ruhr-Universität
Bochum, Chinesischer Garten, Bochum

58 Ulf Eysel
Kemnader See, Bochum

62 Robert Czudaj / Joscha Beckmann
Umfrage: Ruhrgebiet – Vom Kohlenpott
zum Wissenschaftsstandort?

68 Rüdiger Rohmann
Stadion „Beckmannshof", Wattenscheid

72 Claudia Heinrichs
Kreativ.Quartier, Herten Süd

76 Ulrich Radtke
Dach der Universität Duisburg-Essen, Essen

80 Hans Stallmann
Die Wissenschaftsregion Ruhr

86 Marlene Strenger
Stadion „Mathias Stinnes", Essen

90 Nicola Ammer
Haus Ruhrnatur, Mühlheim an der Ruhr

94 Eckhard Weidner
Großer Autoklav im Technikum
von Fraunhofer UMSICHT, Oberhausen

98 Axel Lorke
Kolkerhof-Brücke, Stadtgrenze Duisburg und
Mülheim an der Ruhr

102 Annika Schlitte
„Wir wohnen nicht im Koordinatensystem" –
Zur lebensweltlichen Bedeutung
von Orten aus philosophischer Perspektive

106 Svitlana Orlova
Ruhr-Hafen, Duisburg

110 Brigitte Peters
Stadtwerketurm, Duisburg

114 Volker Benksch
Altes Hallenbad, Duisburg-Rheinhausen

118 Sabine Schulz
Sandbahn, Voerde

122 Die Abschlussveranstaltung
im Unperpekthaus, Essen

124 Interaktive Performance des
Theaterkollektivs Anna Kpok: Zeitspielräume

126 Fotos GYF-Arbeitsgruppe

128 Danksagung

Ruhrgebiet: Identität im Wandel

Das Ruhrgebiet: eine Region, die viele Bilder und Assoziationen weckt. Zechen, Fußball und Industriekultur. Stahl, Technologie, die A40, welche die Städte der Region verbindet, aber sie auch in Nord und Süd zerteilt. Parks und Seen, ein großes Freizeitangebot … Die Liste ist schier endlos.

Was genau ist also das Ruhrgebiet? Wo fängt es an, und wo hört es auf? Welche Städte zählen dazu? Und was zeichnet das Ruhrgebiet aus, welche Orte und Geschichten machen diese Region für ihre Bewohner so besonders?

In den letzten zwei Jahren haben wir, die Mitglieder der Arbeitsgruppe „Ruhrgebiet: Identität im Wandel" der Global Young Faculty, uns intensiv mit dem Ruhrgebiet befasst. In der Global Young Faculty treffen sich Nachwuchswissenschaftler/innen der Metropole Ruhr, um gemeinsam an interdisziplinären Projekten zu arbeiten. Unsere Arbeitsgruppe setzte sich daher aus Wissenschaftler/innen der drei Ruhrgebiets-Universitäten und verschiedener Forschungsinstitutionen der Region zusammen, die unterschiedlichsten Fachbereichen von Jura über Medizin bis Stadtplanung angehören. So verschieden wie unsere Forschungsschwerpunkte sind auch wir und unser jeweiliger Blick auf die Ruhrregion.

Diese Diversität spiegelt sich auch im vorliegenden Bildband wieder. Wir zeigen kein repräsentatives Bild des Ruhrgebiets und möchten dies auch gar nicht tun, selbst wenn neben persönlichen Geschichten zum Ruhrgebiet und Wissenschaftlerporträts auch die Ergebnisse einer repräsentativen Umfrage zur Region dargestellt werden. Es geht uns darum zu zeigen, wie individuelle Bilder und (Lebens)-Geschichten zusammenwirken, welche Veränderungsprozesse in der Region aus den Ergebnissen der Umfrage wie auch aus den Interviews offensichtlich werden und welche neuen Bilder des Ruhrgebiets daraus entstehen. Dabei steht die Wissenschaft in keinem Fall im Gegensatz zum „Kohlenpott": Vielmehr zeigen wir Orte des Lebens, die auch Orte der Wissenschaft sind – und umgekehrt. Die Region, die hier dargestellt wird, ist nicht festgelegt, sondern befindet sich in stetem Wandel. Im Februar 2015 wurde unser Projekt außerdem in einer interaktiven Performance durch die Gruppe Anna Kpok im Unperfekthaus in Essen vorgestellt.

Einige Mitglieder unserer Arbeitsgruppe sind in der Region aufgewachsen, andere später zugezogen. Jede und jeder von uns hat sich dafür entschieden, ins Ruhrgebiet zu ziehen, hier zu bleiben oder hierher zurückzukommen. Die persönlichen Orte und Geschichten des Ruhrgebiets in diesem Bildband zeigen, warum sich das lohnt und warum man sich hier zu Hause fühlen kann.

Viel Spaß mit unserer Sicht auf das Ruhrgebiet wünscht Ihnen
Ihre AG Ruhrgebiet

Die starke Rolle der Wissenschaft für das Ruhrgebiet

Wenn der Wissenschaft, oder genauer gesagt den wissenschaftlichen Einrichtungen im Ruhrgebiet, eine zentrale Rolle für die aktuelle und künftige Regionalentwicklung zugeschrieben wird, so scheint dies kaum jemanden mehr zu überraschen. Denn dies sind doch offenkundig die Orte, an denen Neues erdacht wird und entsteht, die junge Menschen in die Region ziehen und sie an sie binden, wo berufliche Qualifikationen ebenso erworben werden wie allgemein wichtige Fertigkeiten wie das kritische Denken und Argumentieren, und von wo aus viele erfolgreiche Unternehmen ihren Ausgangspunkt genommen haben. Konsequenterweise hat sich daher die Stiftung Mercator im Rahmen ihrer Strategie „Mercator 2020" das Ziel gesetzt, die Entwicklung des Ruhrgebiets zu einem kooperativen und vor allem leistungsfähigen Bildungs- und Wissenschaftsraum Ruhr mit gleichen Chancen für alle aktiv mitzugestalten. Trotz mittlerweile mehr als 150.000 Studierenden an den Hochschulen der Region bleibt die Frage bestehen, ob sich das Ruhrgebiet eigentlich selbst als eine Wissenschaftsregion wahrnimmt. Und wie wird das Ruhrgebiet von außen betrachtet? Wie stark dominieren immer noch negative Bilder und Selbstbilder des Ruhrgebiets, die ihre Wurzeln in den Folgen des Strukturwandels, der hohen Arbeitslosigkeit und der hohen kommunalen Verschuldung haben? Und können erfolgreiche wissenschaftliche Einrichtungen diese Wahrnehmung substanziell und nachhaltig korrigieren?

Solchen und ähnlich gelagerten Fragen ist eine der vier Arbeitsgruppen des mittlerweile dritten Jahrgangs der Global Young Faculty nachgegangen. Für die Suche nach Antworten und deren Präsentation hat die Arbeitsgruppe höchst unterschiedliche Herangehensweisen – vom Fotowettbewerb bis zur sozialwissenschaftlichen Befragung, von der Publikation bis hin zur künstlerischen Performance – erprobt. Der hier vorliegende Bildband bildet zusammen mit einer Veranstaltung im Februar 2015 den Abschluss der Tätigkeit dieser Arbeitsgruppe der Global Young Faculty und versammelt viele dieser Antwortversuche in sich.

Mit der Global Young Faculty haben die Stiftung Mercator, das Mercator Research Center Ruhr und die Universitätsallianz Ruhr ein Netzwerk für herausragende, engagierte Nachwuchswissenschaftler in der Region ins Leben gerufen. Pro Jahrgang können rund fünfzig junge Wissenschaftlerinnen und Wissenschaftler aus den Universitäten und außeruniversitären Forschungseinrichtungen achtzehn Monate lang in Arbeitsgruppen zu selbst gewählten interdisziplinären Themen arbeiten und sich über die Grenzen ihrer Heimatinstitutionen hinweg vernetzen. Die Nachwuchswissenschaftler profitieren hiervon in ihrer persönlichen Entwicklung und für ihre weitere wissenschaftliche Laufbahn. Für die Stiftung und ihre Partner geht es außerdem darum, dem wissenschaftlichen Nachwuchs ein Wir-Gefühl in der Wissenschaftsregion Ruhr zu vermitteln.

Die in diesem Band versammelten Beiträge zeichnen ein beeindruckendes Bild davon, welche starke Rolle die Wissenschaft für das Ruhrgebiet bereits heute spielt und welche historische Genese ihr zugrunde liegt. In einer Region, in der vor fünfzig Jahren die Wissenschaft mangels entsprechender Institutionen de facto noch überhaupt keine Bedeutung hatte, ist eine solche rasante Entwicklung besonders bemerkenswert. Das Fehlen einer langen regionalen Tradition von Wissenschaft und eines über Jahrhunderte gewachsenen und eng mit den Universitäten verbundenen Bürgertums bildet einen wichtigen Hintergrund, vor dem erst die besonderen Herausforderungen dieser neuen Wissenschaftsregion verständlich werden. Mehr und mehr wird deutlich, dass trotz aller Internationalisierung von Wissenschaft das regionale Umfeld der Hochschulen von großer Bedeutung für ihren Erfolg ist. Eine Region prägt ein großes Stück weit „ihre" Wissenschaft, und umgekehrt prägen die wissenschaftlichen Einrichtungen „ihre" Region.

Der hier vorliegende Band, in dem die Arbeitsgruppe Menschen aus dem Ruhrgebiet und die für sie bedeutsamen Orte porträtiert und dabei gerade auch der Wissenschaft eine besondere Rolle zuspricht, macht diese enge Wechselwirkung sichtbar. Zugleich verdeutlicht er, dass es letztlich die Menschen sind, die ihre Region gestalten. Fragen der regionalen Identität sind also eng verwoben mit Fragen der persönlichen Identität.

Im Namen der Initiatoren und Organisatoren der Global Young Faculty ist es mir daher eine große Freude, Ihnen dieses Buch ganz besonders ans Herz zu legen. Der Arbeitsgruppe gratulieren wir herzlich zu diesem Erfolg und wünschen ihren Mitgliedern alles Gute für die weitere wissenschaftliche Arbeit, die hoffentlich für viele von Ihnen hier im Ruhrgebiet ihre Fortsetzung finden wird.

Dr. Oliver Döhrmann, Bereich Wissenschaft, Stiftung Mercator

Karina Strübbe

Galopprennbahn, Dortmund-Wambel

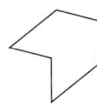 Karina Strübbe wurde 1988 in Oelde geboren und lebt seit 2007 im Ruhrgebiet.

Die Galopprennbahn in Dortmund-Wambel gibt es bereits seit 1913, und sie zählt zu den größten Bahnen Deutschlands. Die Tribünenbauten, Stallungen und Betriebsgebäude wurden zum Teil im Fachwerkstil angelegt und stehen mittlerweile unter Denkmalschutz. Seit 1981 finden hier auch Rennen im Winter statt.

GEWINNER FOTOWETTBEWERB

Galopprennbahn, Dortmund-Wambel

Mein Ort im Ruhrgebiet ist die Rennbahn in Dortmund-Wambel. Seit 1886 werden in Dortmund Galopprennen durchgeführt, seit 1913 auf der heutigen Anlage im Dortmunder Osten. Das Besondere daran? Große Hüte und schicke Kleider – wie es dem allgemeinen Bild vom Pferderennsport à la Ascot entspräche – sucht man vergebens. Überhaupt versprüht die Dortmunder Rennbahn eher rustikalen Charme. Doch das macht sie aus! Die Rennbahn verkörpert das Ruhrgebiet im Guten wie im Schlechten. Ersteres, weil viele Leute an einem Strang ziehen, um spannende Pferderennen abzuhalten, letzteres, weil die goldenen Zeiten im Galopprennsport vorbei sind und der eine oder andere um seine Existenz kämpfen muss. Doch die meisten sind durchaus optimistisch.

Ein Renntag in Wambel eignet sich zu spannenden Charakterstudien – auch, weil der Westfale an sich eher schwer mitzureißen und zu begeistern ist. Auf der Rennbahn findet sich jedoch ein Querschnitt durch das Ruhrgebiet: Beginnend bei den altgedienten Zockern, die in Erinnerungen an vergangene Jahre und Jahrzehnte schwelgen, am liebsten natürlich am Bierstand, über die obligatorischen „Pferdemädels" bis hin zu Familienausflüglern und so weiter.

Ein Tag auf der Rennbahn ist wie Urlaub für mich. Freunde treffen zum Fachsimpeln, Mitfiebern, Freuen und manchmal auch (Mit-)Leiden. Freizeit, Freiheit. Sommers wie winters, die Rennbahn ist immer einen Besuch wert. Aufs Fahrrad gestiegen, zwanzig Minuten Fahrt: Slalom durch die Innenstadt, einmal durchs Industriegebiet, ein Schleichweg an stillgelegten Bahnschienen vorbei, noch schnell durch ein Wohngebiet sausen, und ich bin da. Im Winter – so komisch es vielleicht klingen mag – ist Hochbetrieb. Als eine von zwei Allwetterbahnen in Deutschland finden zwischen Dezember und März alle zwei Wochen Renntage statt, im Sommer ist es ruhiger. Ich kenne die Bahn geschmückt mit Schneedecke, im Schlamm versunken, in eine Staubwolke gehüllt, mit saftig grünem Gras bedeckt, im Sonnenschein, im strömenden Regen, von Nebel verhüllt, und immer entfaltet sich eine ganz eigene, besondere Atmosphäre. Und wenn dann die Galopper über die Bahn fegen, ist das Wetter ohnehin egal.

Jedes Mal, wenn ich meine Füße auf Wambeler Boden setze und einen Renntag auf „meiner" Bahn genießen darf – ganz egal, ob ich gerade vom Sonntagsfrühstück oder aus dem Büro komme, völlig gleich, ob eisiger Regen oder sengende Sonne, unabhängig davon, ob sportlich wertvolle Rennen oder winterliches Basisprogramm ansteht – ich liebe diesen Ort. Mögen die WCs auch Relikte längst vergangener Zeiten sein, mögen die Lautsprecherdurchsagen mal wieder blechern und unverständlich sein, mag das Geläuf eine einzige Schlammkuhle sein, hier ist für mich ein ganz besonderer Ort. Ein Ort, an dem mir ganz persönliche Lieblinge wunderschöne Momente beschert haben, ein Ort, an dem sich Leute begegnen und ein Ort, an dem ich einen ganz besonderen Menschen kennengelernt habe.

GEWINNER FOTOWETTBEWERB

„

Heimat bedeutet für mich der persönliche Bezug zu einem Ort, positive Erinnerungen und daher auch eine enge Verbundenheit, sei es über Freizeitbeschäftigung, Familie oder Freunde. Heimat ist etwas Längerfristiges, das Gefühl für Heimat kommt nicht sofort, aber auch ein neuer Ort kann zur Heimat werden.

Die Atmosphäre bei so einem Renntag in Wambel ist sehr westfälisch. Das zeigt sich zum Beispiel bei den Siegerehrungen. Da fällt es den Menschen manchmal schwer, die Hände zusammenzukriegen. Ich freu mich dann immer, ich finde das niedlich. Wenn die Leute aber mit ganzen Fanclubs anreisen, zum Beispiel im Sommer, an den Großkampftagen, dann kann die Atmosphäre auch sehr mitreißend sein.

Das Leben im Ruhrgebiet ist geprägt durch das Miteinander von Neu und Alt, ein riesiges ‚Durcheinander', das aber verblüffend gut funktioniert, wenn man sich mal überlegt, was da alles zusammen in einen Topf geworfen wurde, an Menschen, an Kulturen. Natürlich gibt es auch soziale Brennpunkte, die aber das Ruhrgebiet als Ganzes nicht ausmachen. Vieles funktioniert auch, ohne dass darüber groß gesprochen wird.

WISSENSCHAFTLER

Stefan Siedentop

Stadion Rote Erde, Dortmund

 Prof. Dr. Stefan Siedentop wurde 1966 in Greven geboren und lebt seit 2013 im Ruhrgebiet. Er ist Professor für Stadtentwicklung und wissenschaftlicher Direktor des ILS (Institut für Landes- und Stadtentwicklungsforschung).

Das Stadion Rote Erde liegt in Dortmund in nächster Nachbarschaft zum Signal-Iduna-Park (früher Westfalenstadion), dem heutigen Heimstadion des BVB. Aktuell spielt die U23-Mannschaft des BVB im Stadion Rote Erde, das darüber hinaus auch als Leichtathletik-Stadion genutzt wird. Die „Stadtkrone" ist in den 1970er und 80er Jahren mit neuen infrastrukturellen Einrichtungen verdichtet worden und bildet heute mit weiteren Freiräumen ein engmaschiges Netz von hochwertig gestalteten Freizeit- und Erholungsstandorten.

„

Für mich persönlich habe ich hier die Chance gesehen, am Aufbau eines Netzwerks mitzuwirken, das man in dieser räumlichen Dichte andernorts nur schwer erreichen kann.

Freiraum als wertvolle Infrastruktur zu begreifen, macht das Revier und das Ruhrgebiet heute auch aus – entgegen gängigen Klischees.

Das Spannungsverhältnis zwischen dem Leben im Quartier und dem Erleben der Metropole insgesamt nehme ich als etwas sehr Reizvolles wahr.

"

Stadion Rote Erde, Dortmund

Was dieses Stadion für mich zu einem besonderen Ort macht, sind zum einen persönliche Erinnerungen. Als junger Leichtathlet habe ich dort diverse Wettkämpfe bestritten und war schon damals fasziniert von der unmittelbaren Nachbarschaft zum „großen Bruder" Westfalenstadion, aber auch von der Architektur. Diese Erinnerungen haben mich später, als ich in Dortmund studiert habe, dazu bewogen, mich mit diesem Stück Dortmund stärker auseinanderzusetzen. Für mich steht die „Rote Erde" heute für den Aufbruch in die Moderne und bildet zusammen mit der Westfalenhalle, dem Freibad und weiteren Anlagen ein herausragendes Ensemble aus den 1920er Jahren. So ist dieser Ort städtebaulich und historisch, aber auch persönlich etwas Besonderes, wo ich mich immer wieder sehr wohl fühle. Natürlich hat er sich im Laufe der Jahre aber auch verändert. Die „Stadtkrone" ist in den 1970er und 80er Jahren verdichtet worden, vor allem mit neuen infrastrukturellen Einrichtungen. An erster Stelle ist hier natürlich das Westfalenstadion, aber auch die Leichtathletikhalle zu nennen. Zugleich ist es aber faszinierend, dass dieser Ort seinen ursprünglichen Charakter nicht verloren hat, trotz punktueller Verdichtungsmaßnahmen. Man kann ihn immer noch als großartiges städtebauliches und freiraumplanerisches Ensemble erleben. Dazu zählt auch die großzügige Durchgrünung.

Das Stadion „Rote Erde" reflektiert mit seiner Geschichte vieles, das auch für das Ruhrgebiet als Ganzes gilt. Dazu gehört sicher die Erkenntnis, dass Freiräume und Freiraumgestaltung ein wichtiger Bestandteil der öffentlichen Daseinsvorsorge sind. Das hat man im Ruhrgebiet aufgrund der Wucht der Industrialisierung und der ungeheuren Massivität von Freiraumverlusten früher erkannt als in anderen Agglomerationen. Die „Stadtkrone" bildet heute mit weiteren Freiräumen wie den Revierparks der 1970er Jahre oder den neuen Elementen des Emscher Landschaftsparks ein engmaschiges Netz von hochwertig gestalteten Freizeit- und Erholungsstandorten. Freiraum als wertvolle Infrastruktur zu begreifen, macht das Revier und das Ruhrgebiet heute auch aus – entgegen gängigen Klischees. Unter anderem spielten diese Charakteristika des Ruhrgebietes für mich eine entscheidende Rolle, in die Region zurückzukehren. Natürlich ist immer der Reiz der Institution, an der man arbeitet, der primäre Faktor der Wahl eines Arbeits- und Wohnortes. Aber mich hat auch der Standort Dortmund angezogen, weil ich persönliche Bindungen an die Region und an die Stadt habe, nicht zuletzt durch mein Studium. Auch ganz wichtig war die räumliche Nähe zu den zahlreichen Universitäten und Forschungseinrichtungen mit Bezug zu Fragen der Raumforschung und Raumentwicklung. Die Dichte an diesbezüglicher Forschungsinfrastruktur ist einmalig. Für mich persönlich habe ich hier die Chance gesehen, am Aufbau eines Netzwerks mitzuwirken, das man in dieser räumlichen Dichte andernorts nur schwer erreichen kann. Dennoch sagt räumliche Nähe allein zunächst noch nichts über echte Netzwerkqualitäten aus. Die Wissenschaft hat hier ähnliche Herausforderungen wie die Stadt- und Raumentwicklung. Die Potenziale, die aus der räumlichen Nähe von Infrastrukturen entstehen, werden noch längst nicht voll ausgeschöpft. Das hat sicherlich auch historische Gründe, da sich Universitäten und Forschungseinrichtungen auch in einem Wettbewerbsumfeld behaupten müssen. Deswegen ist es eine große Herausforderung, den Netzwerkgedanken konsequenter anzugehen. Für das ILS kann ich sagen, dass wir uns hier auf einem guten Weg befinden.

„Heimat" ist für mich ein nicht ganz leichter Begriff. Das liegt auch daran, dass ich seit ziemlich langer Zeit multilokal lebe und mich quasi in zwei regionalen Welten bewege. Ich habe hier das Problem vieler Multilokaler, dass ich an keinem der beiden Orte – der zweite Ort ist Berlin – ganz intensive Bindungen knüpfen kann. Dazu fehlt vor allem die Zeit. Heimat hat für mich daher auch weniger mit Herkunft und Lebensmittelpunkt zu tun, sondern mehr mit Orten, die mir Identität vermitteln. Und das leisten ganz unterschiedliche Orte, an denen ich bisher längere Zeit gelebt habe, auch das Ruhrgebiet. Ich bin zwar wahrscheinlich jemand, der gar nicht so gut sagen kann, was genau das Leben im Ruhrgebiet ausmacht, weil ich erst seit zwei Jahren wieder hier lebe. Was ich aber durchaus spüre, ist das Spannungsverhältnis zwischen dem Leben im Quartier und dem Erleben der Metropole insgesamt. Das nehme ich als etwas sehr Reizvolles wahr. Hier unterscheidet sich, wie ich finde, das Ruhrgebiet auch nicht wesentlich von anderen großen Städten wie zum Beispiel Berlin.

Phönix-See, Dortmund-Hörde

Willi Garth

GEWINNER FOTOWETTBEWERB

 Willi Garth wurde 1938 in Dortmund-Hörde geboren.

Der Phoenix-See befindet sich auf dem Gelände eines ehemaligen Stahlwerkareals im Dortmunder Stadtteil Hörde. Hier entsteht ein neues Stadtquartier mit Büro- und Gewerbeflächen, Wohnanlagen sowie einem breiten Naherholungs- und Freizeitangebot. Der künstlich angelegte See, der ab 2010 geflutet wurde, ist Teil des Großprojekts zur Renaturierung der Emscher, welche das Ruhrgebiet nachhaltig verändern wird.

Meine Familie hat über mehrere Generationen am Stahlwerk gearbeitet. Die Sozialleistungen waren wirklich phänomenal: Urlaubsgeld, Kohlengeld, Weihnachtsgeld, Kindergeld… Und es gab Weihnachtsfeiern in der großen Westfalenhalle – sagenhaft!

Ich kannte die Emscher nur befestigt, begradigt. Dass sie jetzt wieder natürlich fließt, das ist für mich wie ein Wunder!

Ich war immer dabei: Bei der Stilllegung des Stahlwerks, beim ersten Spatenstich zum See, und dann wieder bei der Flutung. Das war eine Riesenfete!

Die Offenheit macht die Kultur im Ruhrgebiet aus. Sie ist ein Resultat der Zuwanderung. Das macht es auch Neuankömmlingen leichter.

In meiner Kindheit sagte man uns: ‚Spielt bloß nicht mit denen von der Remberginsel.' Das war ein Viertel, wo man nicht hinging – genau hier, wo wir jetzt stehen. Hier bauen jetzt Millionäre! Was am Phoenix-See passiert, ist weltweit einmalig.

Wenn mein Vater noch am Leben wäre und ich ihm erzählen würde, dass es hier jetzt Fische gibt – er würde es mir nicht glauben!

Eigentlich ist es schade, dass hier jetzt alles zugebaut wird.

Phönix-See, Dortmund-Hörde

Sirenen heulten, Scheinwerfer der Flak suchten den Himmel nach Feindflugzeugen ab, Bombeneinschläge waren zu hören. In letzter Minute rannte meine Mutter mit meiner Schwester Rosemarie und mir in den schrecklichen Behelfsbunker im Tunnel des Hörder Bachs. Auf schmalstem Pfad neben dem Kloakenbach tasteten wir uns im Kerzenschein vor bis zu der Stelle, wo Nachbarn in Selbsthilfe ein Podest über den stinkenden und gurgelnden Abwasserbach gebaut hatten. Hier verbrachten wir etliche Bombennächte. Dieses Grauen aus Kindertagen ist bis heute unvergessen. Ich konnte damals nicht ahnen, welch wunderbare Verwandlung ich mit diesem Gewässer Jahrzehnte später erleben würde.

Geboren wurde ich am 3. Februar 1938 unweit vom Hörder Bach, in einem gemütlichen Haus der Siedlung „Neuer Clarenberg". Die Häuser hatten einen großen Garten; in unserem züchtete Vater Kaninchen, Hühner und Brieftauben. Zur Straße hin standen Birnen- und Kirschbäume, die überragten die Häuser und bildeten über der Straße einen geschlossenen Baldachin. Zur Blütezeit „pilgerten" die Menschen aus der Umgebung hierher, um im sonst grauen Hörde die schneeweiße Pracht und den Blütenduft zu erleben.

In der Nähe lag das Hörder Hüttenwerk. Großvater, Vater, Onkel und Schwager hatten hier ihren „krisensicheren" Arbeitsplatz gefunden. Wegen der überragenden Sozialleistungen musste auch ich mich dort bewerben. Beim „Werk" eingestellt zu werden, war damals eine Ehre. Auch hier konnte ich nicht ahnen, welch atemberaubenden Wandel ich später miterleben sollte. Als ich gerade in die Revisionsabteilung gewechselt hatte, gab es eine Stahlkrise. Entlassungen drohten. Existenzangst. Meine Abteilung sollte geschlossen werden! 1992 endete meine aktive Ära beim Hörder Werk. 2001 wurde es nach 160 Betriebsjahren stillgelegt. Der einst sicherste Arbeitsplatz in Dortmund! Zu diesem Akt hatte ich eine Einladung. Die Medien drängten sich. Bei den harten Stahlarbeitern flossen die Tränen. 300 Chinesen rückten an und bauten das 1963 errichtete Oxygenstahlwerk ab. Es wurde in die Nähe von Shanghai gebracht und dort wieder in Betrieb genommen.

Als ich erfuhr, dass man die 1954 in der Hörder Kesselschmiede von Hand gefertigte Thomasbirne veräußern wollte, schrieb ich für den Vorstand des Hörder Heimatvereins, dessen zweiter Vorsitzender ich war, an einen Bundestagsabgeordneten, den Oberbürgermeister und den

Vorstand von Thyssen-Krupp. Tatsächlich bekamen wir die Thomasbirne geschenkt, mussten aber alle Kosten für Abbau, Transport und Aufbau selbst übernehmen. Der Koloss ist sieben Meter hoch, hat einen Durchmesser von vier Metern und wiegt 68 Tonnen. Das wurde teuer. Drei Autokräne und ein Tieflader mussten her. Vor der Hörder Burg aufgestellt, war die Birne lange eine Attraktion. Sie war und ist das einzige Relikt aus dem Stahlwerk, das durch unsere Privatinitiative der Nachwelt erhalten wurde.

Dann sollte der Hörder Bach renaturiert werden. Die Kloake, mit der ich im Krieg den Bachtunnel nächtelang teilte, sollte zum Fischgewässer werden. Dazu mussten die Archäologen das Umfeld inspizieren. Ich war fast täglich bei der Grabung und wurde Zeuge von atemberaubenden Funden: 800 Jahre alte Schuhe, ein Goldring mit Granatstein, irdene Gefäße, teils mit Getreidevorräten gefüllt, und viele Knochen kamen zwischen den alten Burgmauern ans Tageslicht.

In Hörde war man dabei, auf der inzwischen zum Mondgelände gewordenen 98 Hektar großen Fläche des alten Stahlwerks einen 24 Hektar großen naturnahen See anzulegen. Eine viel belächelte Idee. Ich hatte das große Glück, bei allen relevanten Ereignissen eingeladen zu werden. Da war der erste Spatenstich zum See, die Rammung der ersten Spundbohle für den Hafen, die legendäre Flutung der renaturierten Emscher und ‚meines' Hörder Bachs – und später die Seeflutung. Neben diesen Höhepunkten gab es leider ein Tief. Ein Stadtplaner wollte unsere Thomasbirne zu einem Drittel im See versenken, als „Sinnbild für die versunkene Industrie". Meine spontane Reaktion war: „Nur über meine Leiche!". Nach einigem Gerangel konnten wir vom Heimatverein den Standort auf der Kulturinsel durchsetzen. 2010, kurz vor der Seeflutung, wurde im noch trockenen Seebett eine lange Straße aufgeschüttet, nur, um die Birne auf die Insel zu bringen. Der fünfstündige Transport wurde vom Vereinsvorstand begleitet. Danach hatte die Phoenixsee-Entwicklungsgesellschaft uns und beteiligte Firmen eingeladen und bot Gegrilltes und ein kühles Bier. Hinter der Burg versank rot die Abendsonne. Romantik pur. Die erste Beachparty am Phoenixsee – noch ohne Wasser. Am 1. Oktober 2010 wurde ich mit meiner Frau zur offiziellen Seeflutung in den VIP-Bereich am Hafen eingeladen. Die Philharmonie spielte die Wassermusik von Händel und das Ballett tanzte.

Gekrönt wurde das Engagement für meine Heimatstadt Hörde dadurch, dass meine Idee, am See einige Weinreben zu pflanzen, ernst genommen und tatsächlich verwirklicht wurde. Ausgeführt wurde sie zusammen mit der Emschergenossenschaft und der Phoenixsee-Entwicklungsgesellschaft. Im Mai 2012 konnten wir die ersten der vierundneunzig Rebstöcke der Sorte Phoenix pflanzen. Die erste Lese der zuckersüßen Trauben war im September 2013. Eine fiktive Zusammenfassung meiner spektakulärsten Aktionen: Vor der Thomasbirne sitzend, ein von den Archäologen geborgenes Gefäß in der Hand, gefüllt mit dem ersten Wein aus dem ‚eigenen' Weinberg. Ein ungemein geschichtsträchtiger Ort meines Lebens.

WISSENSCHAFTLER

Ute Gerhard

Gebäude der TU Dortmund in der Emil-Figge-Str. 50, Dortmund

Prof. Dr. Ute Gerhard wurde 1952 in Dortmund geboren. Sie ist Professorin für Neuere Deutsche Literatur am Institut für Deutsche Sprache und Literatur der Fakultät Kulturwissenschaften und Dekanin der Fakultät Kulturwissenschaften der Technischen Universität Dortmund.

Die Wiese und der Vorplatz vor der Emil-Figge-Str. 50, dem Gebäude an der Technischen Universität Dortmund, in dem insbesondere die Geistes-und Kulturwissenschaften beheimatet sind, ist ein wichtiger Treffpunkt für Studierende. Insbesondere im Sommer wird dort diskutiert und gelernt, aber auch ausgeruht. Vor einigen Jahren wurde das Gebäude, welches unter dem Namen „EF50" bekannt ist, kernsaniert. Damit einher ging auch die Neugestaltung von Wiese und Vorplatz des Gebäudes.

Dass ich als Frau studiert habe, hat direkt mit dem Ruhrgebiet zu tun.

Das Ruhrgebiet als Region ist von vielen Widersprüchen geprägt. Diese Widersprüchlichkeit fängt schon damit an, dass man gar nicht wirklich sagen kann, wo die Grenzen sind: die Grenzen zwischen den Städten, zwischen Stadt und Land – all das existiert gar nicht so richtig im Ruhrgebiet.

Natürlich ist die Wahrnehmung je nach Disziplin unterschiedlich, aber es kann sehr relevant sein, sich in einem sehr interessanten Raum zu bewegen und sich damit wissenschaftlich zu beschäftigen.

**Gebäude der TU Dortmund
in der Emil-Figge-Str. 50, Dortmund**

Ich würde sagen, dass das Ruhrgebiet mich sehr geprägt hat. Ich gehöre zu den Frauen, die auf Grund der Reformuniversitäten, die im Ruhrgebiet eröffnet wurden, erst dahin gekommen sind, wo sie heute stehen. Ich habe in Bochum studiert; die dortige Universität war eine der Universitäten, die eingerichtet wurden, um Kindern aus Nichtakademikerfamilien die Möglichkeit zu geben, zu studieren, vor allen Dingen auch Frauen. Dass ich als Frau studiert habe, hat direkt mit dem Ruhrgebiet zu tun. Ich finde das Ruhrgebiet auch sehr interessant – es steht für Offenheit.

Das Ruhrgebiet als Region ist von vielen Widersprüchen geprägt. Diese Widersprüchlichkeit fängt schon damit an, dass man gar nicht wirklich sagen kann, wo die Grenzen sind: die Grenzen zwischen den Städten, zwischen Stadt und Land – all das existiert gar nicht so richtig im Ruhrgebiet. Auch die Transformation der Region spielt eine wichtige Rolle. Dies mitzuerleben, ist eine sehr interessante Erfahrung – besonders für mich als Fahrradfahrerin, zum Beispiel, wenn ich über die alten Bahntrassen fahre. Das Ruhrgebiet ist ein Ort, wo Veränderungen deutlich werden. Und wo Veränderungen auch immer möglich sind.

Ich denke, das Ruhrgebiet kann nicht ganz mit Berlin mithalten, aber doch ein bisschen. Berlin hat einen stärkeren Metropolencharakter. Man merkt sofort, dass man in einer großen Stadt ist. Das Ruhrgebiet ist eine große Stadtregion. Da ist schon ein Unterschied zu spüren.

Leider ist es immer noch so, dass viele Menschen ein Klischeebild vom Ruhrgebiet haben. Sie glauben, es ist eine graue Region mit viel Industrie – und eine Region, die geprägt ist von einer gewissen Kulturlosigkeit. Damit steht das Ruhrgebiet in Opposition zur Hochkultur – und das wird teils auch immer noch so vermittelt. Trotzdem glaube ich, dass das Ruhrgebiet auf einem guten Weg ist. Wenn Kolleginnen und Kollegen von außerhalb hier sind, merken sie zum Beispiel auch schnell, dass sie einem Klischee aufgesessen sind. Wenn man sich die verschiedensten kulturellen Orte im Ruhrgebiet anschaut, wird klar, dass die Region anders ist als ihr Klischee.

Den Begriff der „Heimat" finde ich aber sehr schwierig. Damit verbinde ich zunächst einmal traditionelle Vorstellungen: Verwurzelung und eine ganz feste Identität. Im Zusammenhang mit der Verwurzelung im Ruhrgebiet fällt mir ein Projekt einer Künstlerin aus dem Dortmunder Hafenquartier ein: Flachwurzeln. Dort wurde mit verfremdeten Birken gearbeitet. Dieses Bild finde ich für das Ruhrgebiet sehr passend. Birken sind die Bäume, die als erstes in den alten Industriebrachen wachsen und den Ort dann wieder für sich einnehmen. Birken haben allerdings ganz flache Wurzeln. Ich finde, das passt gut zu den Möglichkeiten, die man im Ruhrgebiet hat. Man kann sich beheimatet fühlen, aber ohne die doch eher schwierigen Vorstellungen von sehr fester Verwurzelung und fester Identität. Daraus ergibt sich Beweglichkeit.

Mir gefällt meine Arbeit an der Fakultät Kulturwissenschaften, der kollegiale Umgang, die Kooperationsfähigkeit der Leute. Ich bin daher gerne hier geblieben, als sich die Möglichkeit ergeben hat. Wenn man die bestehenden Kooperationen zwischen den Universitäten gut nutzt, ist das eine sehr gute Sache für die Wissenschaft in der Region. Die technischen und ingenieurwissenschaftlichen Fächer haben sicherlich im Ruhrgebiet auch darum so gute Möglichkeiten, weil es eine gute Vernetzung mit der Industrie gibt.

Natürlich ist die Wahrnehmung je nach Disziplin unterschiedlich, aber es kann sehr relevant sein, sich in einem sehr interessanten Raum zu bewegen und sich damit wissenschaftlich zu beschäftigen. Dies spielt z.B. in meinem eigenen Bereich eine Rolle. Daher finde ich, dass man die Kulturwissenschaften soweit wie möglich fördern und unterhalten sollte.

Ich stehe zu dieser Universität. Und zur Emil-Figge-Str. 50 insbesondere, denn dies ist das Gebäude der Geistes- und Kulturwissenschaften. Ich finde, der Vorplatz ist wirklich sehr gelungen – er ist ein Ort an dieser Universität, der wirklich sehr schön ist. Im Ruhrgebiet wird ja immer wieder versucht, Natur und Beton auf eine interessante Art und Weise zusammenzubringen und zu vermitteln. Teilweise ist das ein bisschen zu idyllisch, aber hier finde ich das gut getroffen. Dieser Ort hat sich in den letzten Jahren auch sehr verändert. Besonders toll finde ich die geschwungene lange Bank, die sich hier befindet: Dort können die Studierenden im Sommer sitzen. Es ist ein Punkt auf dem Campus, der sehr belebt wirkt – jedenfalls, wenn das Wetter einigermaßen mitspielt.

Ich würde mir wünschen, dass dieser Ort noch stärker genutzt wird. Einmal im Semester haben wir in der Germanistik ein Projektseminar namens Theaterpraxis. In diesem Rahmen findet an diesem Ort eine „Studentenbeschimpfung" – angelehnt an das Sprechstück „Publikumsbeschimpfung" von Peter Handke – statt. Dafür eignet sich dieser Ort zum Beispiel auch wunderbar.

Leitlinien für einen Zwei-Maßstabs-Urbanismus RUHR

Christa Reicher

Wenn vom 21. Jahrhundert als dem urbanen Zeitalter die Rede ist – dem Jahrhundert, in dem erstmals die Mehrzahl der Menschheit in Städten lebt –, fällt der Blick zumeist auf die schnell wachsenden Mega-Metropolen: Mumbai, Kairo, Sao Paulo, Shanghai, Istanbul, oder auch die traditionellen Global Cities wie New York, London, Tokio, Moskau. Solche Multi-Millionenstädte sind jedoch nur ein Aspekt des globalen Urbanisierungsprozesses, denn die Mehrzahl der Stadtbewohner lebt nicht in den Mega-Cities, sondern in Klein-, Mittel- oder Großstädten unterhalb der 5-Millionen-Grenze, die sich jedoch – und das ist das gerade im europäischen Kontext prägende Merkmal dieses urbanen Zeitalters – immer häufiger zu großen Agglomerationen organisieren. Dabei sind weiträumige und dennoch dicht besiedelte Städteregionen entstanden, die mitunter gänzlich ohne Millionenstädte auskommen: die Randstad, das Rhein-Main-Gebiet, das Veneto (mit Padua, Venedig, Verona usw.) und das Ruhrgebiet, das im deutschsprachigen Raum nahezu paradigmatisch für den Typus der polyzentrischen Agglomeration steht, sind bekannte und vielfach beschriebene Beispiele. Weniger bekannt sind solche traditionell eher ländlich konnotierten Regionen wie der Bodensee-Raum, in dem die vielen Klein- und Mittelstädte entlang des Seeufers aber ebenfalls einen gemeinsamen Agglomerationsraum auszubilden beginnen („Bodenseestadt").

Regionen, die sich aus einer Vielzahl von einzelnen Städten zusammensetzen, sind demnach kein Sonderfall. Städtenetze gelten sogar als vielversprechendes Modell für gegenwärtige und künftige Urbanisierungsprozesse. Was empirisch und theoretisch zu überzeugen mag, wirft jedoch einige praktische Fragen auf: Wie gestaltet man solche großräumigen Städtelandschaften, nach welchen Prinzipien und mit welchen Mitteln sollte Städtebau im regionalen Maßstab stattfinden? Das Ruhrgebiet ist für derartige Fragen besonders prädestiniert, nicht nur weil aktuell mit der Diskussion über den neuen Regionalplan und Formate wie „European Green Capital 2016" und die „Klimametropole RUHR 2022" der Anspruch verbunden ist, im Hinblick auf die Gestaltbarkeit regionaler Stadträume neue Wege zu erproben. Ein Blick in die Geschichte zeigt: Die Suche nach einer tragfähigen städtebaulichen Vision für die gesamte Region hat hier Tradition, man denke nur an den von Robert Schmidt konzipierten Generalsiedlungsplan aus dem Jahre 1912 oder die von Martin Einsele in den 1960er Jahren angestellten Überlegungen zu einer Ruhrstadt. Jetzt, wo das Ruhrgebiet als Ganzes erklärtermaßen „Metropole" werden will, wo die Kooperation der einzelnen Ruhrgebietsstädte eine

zweifellos neue Qualität erreicht hat, wo aber auch ganz neue Herausforderungen für die Gestaltung von urbanen Lebensräumen sichtbar geworden sind, stellt sich auch diese Frage von neuem: Mit welcher städtebaulichen Vision geht das Ruhrgebiet ins 21. Jahrhundert?

Eine Frage des Maßstabs: Urbane Herausforderungen zwischen Quartier und Region

Die künftigen städtebaulichen Zielsetzungen werden nicht nur das Besondere der Agglomeration Ruhr herausstellen, sondern Antworten geben müssen auf die generellen Herausforderungen, wie sie mehr oder weniger für alle Städte und Städteregionen gelten – unabhängig davon, ob Städte nun „wachsen" oder „schrumpfen", unabhängig davon, ob Städte „Metropolen" oder explizit „Green Cities" werden wollen. Häufig stehen sich solche vereinfachenden Dualismen ohnehin nicht gegenüber, sondern sind Teil eines umfassenden und widersprüchlichen Transformationsprozesses, den Städte im Laufe ihrer Geschichte durchlaufen.

Auch wenn Städte sich derart wandeln, sie bleiben Orte des (kollektiven) Erinnerns und Erkennens, Orte, an denen Bindungen hergestellt werden. Identität und Heimat – Begriffe, die solche Qualitäten einer Stadt bezeichnen sollen – basieren jedoch nicht allein auf der Vertrautheit einer über lange Zeit in ihren wesentlichen Merkmalen kaum veränderten Lebensumwelt, sondern sind auf *spezifische atmosphärische Qualitäten* einer Stadt, eines Quartiers bzw. einer Region zurückzuführen. Deshalb ist nicht allein das baukulturelle Erbe mit seinen historischen Gebäuden, Straßen, Freiräumen, Stadtvierteln für die Identität einer Stadt maßgebend, sondern die Fähigkeit, im Rahmen neuen Städtebaus auch neue überzeugende, im besten Fall unverwechselbare Stadtatmosphären zu kreieren. Das gilt in besonderem Maße für Städte, die kaum historische Stadtviertel aufweisen – oder für große Städteregionen, für die solche kleinräumigen Quartiere kaum als alleinige Imageträger in Frage kommen. Identität ist jedoch nicht nur gebunden an unverwechselbare Atmosphären oder gut gestaltete Räume, sondern an die *Lesbarkeit* einer Stadt: Ihre Struktur, ihre Regeln – ihre „patterns", um es mit Christopher Alexander zu sagen – müssen verstanden werden und sich als einprägsame Raumbilder in die „mental maps" von Bewohnern und Besuchern einschreiben können.

In zahlreichen europäischen Großstädten und Agglomerationen lassen sich gegenwärtig zwei Prozesse beobachten, die auf den ersten Blick widersprüchlich erscheinen: *Reurbanisierung* und *Regionalisierung*. Innenstädte und innenstadtnahe Stadtquartiere werden attraktiver, gerade für Menschen, die die Vorzüge des städtischen Lebens (womöglich wieder neu) entdecken. Diese Rückbesinnung auf die Kernstädte als Wohnstandort hat vielerlei Gründe; sie ist jedoch insbesondere gekoppelt an Veränderungen in der Arbeitswelt bzw. den Trend, Wohnen und Arbeiten sehr viel effektiver miteinander verbinden zu müssen als dies ein Leben in den suburbanen Ballungsrandzonen in den meisten Fällen erlaubt. Hier sind gut organisierte, mit vielfältigen Funktionen ausgestattete Stadtviertel klar im Vorteil. Gleichzeitig findet eine weitere Regionalisierung des Städtischen statt: Dies meint nicht nur die erweiterten Aktionsräume der in den verschiedenen Städten einer Region lebenden Bewohner, sondern auch die Entwicklung von neuen, nutzungsgemischten Standorten abseits der alten Stadtkerne. Dies können Hochschulstandorte sein, die mit neuen Nutzungen angereichert werden (Wohnen, Arbeiten, Freizeit), alte Industrieareale, die sich zu Kultur- und Kreativquartieren entwickeln, oder auch die erste Generation der Einkaufszentren außerhalb der Kernstädte, die – mittlerweile mit dem öffentlichen Nahverkehr gut erreichbar – nun beispielsweise mit Sport-, Kultur- oder Bildungseinrichtungen „urbanisiert" werden. Die raumstrukturellen Konsequenzen beider Trends, Reurbanisierung und Regionalisierung, sind, sollten sie sich durchsetzen, absehbar: eine stärkere Fokussierung auf alte und neue Kerne innerhalb der Städteregionen verbunden mit der Aufgabe, diese Kerne möglichst effizient miteinander zu vernetzen.

Der gegenwärtig intensiv geführte Diskurs über „Low Carbon Cities", also die Frage nach der künftigen Entwicklung von Städten unter den Bedingungen des Klimawandels und den absehbar zur Neige gehenden fossilen Ressourcen, wirft konkrete Fragen künftigen Städtebaus und künftiger Stadtgestaltung auf, die bislang nur teilweise beantwortet werden können. *Städtebau für das postfossile Zeitalter* baut jedoch auf einigen bereits bekannten Prinzipien nachhaltiger Stadtentwicklung auf: Nachhaltige Städte müssen einerseits robust, andererseits möglichst flexibel sein, um auf veränderte Nachfragestrukturen, Renditezyklen und Mobilitätserfordernisse reagieren zu können. Dichte, Mischung, Kleinteiligkeit sind die bewährten „patterns" eines ressourcenschonenden Städtebaus, die im Maßstab des Quartiers, womöglich auch im Maßstab der einzelnen Stadt, nach wie vor gültig sein werden. Offen sind jedoch andere Aspekte: Wie sieht eine intelligente und leistungsfähige Stadttechnik für die postfossile Stadt aus? Oder, mit Blick auf Stadtästhetik: Welche neuen Materialien für das Bauen in der Stadt – und damit auch welche neuen Materialästhetiken – werden entwickelt und anschließend in das Stadtbild integriert werden?

Kaum weniger intensiv als die Debatte um „Green Cities" ist der Diskurs um „Creative Cities": Weil *Bildung, Wissen und Kultur als wesentliche Innovationspotenziale* einer Stadt anerkannt werden und die Kreativwirtschaft gerade in ökonomisch erfolgreichen Städten einen immer wichtigeren Stellenwert einnimmt, sucht auch eine immer größer werdende Anzahl von Städten nach Wegen, um die bestmöglichen Bedingungen zur Förderung von lokalen Kreativ- und Wissensökonomien zu schaffen. Sie lassen sich von der Maxime leiten, dass jene Städte oder Stadtquartiere, in denen Wissenserwerb und Wissensvermehrung besonders gut gelingen, künftig auch besonders attraktiv sein werden. Dies meint nicht nur die Ansiedlung von Forschungs- und Hochschuleinrichtungen oder die Etablierung von Kreativquartieren, sondern die ganze Breite von Bildungseinrichtungen bis hin zu den Schulen, um die herum sogenannte Bildungslandschaften als neue Zentren des Stadtteillebens erprobt werden. Noch ist es sicherlich zu früh, von einem grundlegenden Wandel, etwa von der Stadt der Industriegesellschaft zur Stadt der Wissensgesellschaft, zu sprechen, aber die Anzeichen für einen möglichen Paradigmenwechsel sind unübersehbar.

Derartige Trends bzw. Herausforderungen, wie sie mehr oder weniger für alle Städte und Städteregionen in Nord- und Westeuropa gelten, sind in zahlreichen Städten jedoch mit Prozessen verbunden, die als „Schrumpfen" wahrgenommen werden: Rückgang und Überalterung der Bevölkerung, nachhaltige Deindustrialisierung, Verarmung von ganzen Stadtvierteln, Verlust von kommunalen Handlungsspielräumen. Stadtumbau ist unter solchen Bedingungen eine relativ neue Aufgabe; auch wenn es in der Geschichte immer wieder „schrumpfende Städte" gegeben hat, fand der aktive Umbau einer Stadt doch zumeist erst wieder in Wachstumsphasen und auf der Grundlage der damit verbundenen Entwicklungsdynamiken statt. Noch anspruchsvoller ist diese Aufgabe dort, wo Städte bzw. urbanisierte Regionen betroffen sind, die gar nicht den Mustern klassischer europäischer Städte folgen – in Räumen, die deutlich andere Charakteristika und ganz eigene Logiken aufweisen.

Räumliche Eigenlogik des Ruhrgebiets

Auch im Ruhrgebiet finden sich jene Orte und Räume, die den Idealvorstellungen einer Europäischen Stadt entsprechen: historische Ortskerne mit verwinkelten Fachwerkgassen, Schlösser, Burgen und historische Parkanlagen, Gründerzeit-Viertel, Marktplätze usw. Sie sind nicht weniger schön, nicht weniger beliebt als in anderen Städten, sie bestimmen weder das Bild noch die wesentliche räumliche Struktur des Ruhrgebiets. Spezifisch und prägend sind andere Aspekte:

Polyzentralität
Das Nebeneinander von Städten innerhalb einer Region ist zwar kein Alleinstellungsmerkmal des Ruhrgebiets, diese enorme Dichte an souveränen Groß-, Mittel- und Kleinstädten ist jedoch in Deutschland und womöglich auch in Europa ohne Beispiel. Während für viele europäische Ballungsräume die Schaffung von mehr Polyzentralität zu den wichtigsten langfristigen Zielvorstellungen zählt, findet man dies im Ruhrgebiet bereits als Ausgangsbedingung für die künftige Entwicklung vor. Auch wenn sie vor Ort mitunter kritisch gesehen wird, weil das lange Zeit wenig koordinierte Handeln der einzelnen Städte als Entwicklungshemmnis für die gesamte Region erscheint, dürfte die ausgeprägte räumliche Polyzentralität auch in Zukunft grundlegend sein.

Industriekultur
Das montanindustrielle Erbe und seine Transformation in Industriekultur ist die zentrale kollektive Erfahrung dieser Region. Auch alle gegenwärtigen Identitätspolitiken für das Ruhrgebiet knüpfen daran an, und so ist der Begriff untrennbar mit

dem Ruhrgebiet verbunden. Industriekulturelle Orte und Landschaften sind zudem die atmosphärisch stärksten Orte, sie prägen Bild und Aura des Ruhrgebiets. Diese Wahrnehmung ist verbunden mit einem fundamentalen ästhetischen Lernprozess, den das Ruhrgebiet durchlaufen hat: Die ausgedienten Architekturen des Industriezeitalters samt ihrer „ruinierten" Landschaften sind nun zu stadt- und landschaftsästhetischen Errungenschaften, zu Ikonen des postindustriellen Ruhrgebiets geworden.

Raumdimension
Nicht nur die Zechen, Stahl- und Hüttenwerke sind ein Beleg dafür, dass die Urbanisierung des Ruhrgebiets häufig mit baulichen Großformen in einer spezifischen Raumdimension verknüpft ist: Heute sind dies Shopping Malls, Sportstadien oder Entertainment-Arenen, die Auslöser für weitere Urbanisierungs- oder Stadtumbauprozesse sind.

Solche urbanen Versammlungsbauten werden selbstverständlich in nahezu allen größeren Städten errichtet. Dass gerade das Ruhrgebiet als Assemblage „maßstabsloser" Großformen wahrgenommen wird, ist auf die für die Region so charakteristischen Maßstabssprünge zurückzuführen: Das unmittelbare Nebeneinander von Zeche und Zechenhäuschen, Einkaufszentrum und Trinkhalle, Autobahn und Trampelpfad entspricht ganz einfach einer weit verbreiteten ästhetischen Erfahrung, die sich mit dem Ruhrgebiet verbindet.

Innere Ränder
Die Region weist als Ganzes eher eine flache Dichte auf (sehr viel Siedlungsbau, wenig dezidiert großstädtische Quartiere) und ist daher mehr als postsuburbaner denn als klassisch metropolitaner Ballungsraum einzustufen. Charakteristisch ist die extreme Verzahnung von Siedlung und Freiraum, nicht nur an den Rändern des Ballungsraums, sondern bereits im eigentlichen Stadtgefüge. Diese Vielzahl von inneren Stadträndern – Kontaktlinien zwischen bebautem und unbebautem Raum – sind ein grundlegendes Prinzip der regionalen Raumstruktur. Weil solche landschaftlichen Grenzbereiche seit jeher für Menschen attraktiv sind – das Siedeln am Rand ist womöglich eine Art von anthropologischer Konstante –, stellt dies ein kaum überschätzbares Potenzial zur künftigen Entwicklung des Ruhrgebiets dar.

Mit dem Wissen um derartige Besonderheiten und Eigenarten sind künftige städtebauliche Strategien für die Region zu entwickeln. Visionen, Strategien und städtebauliche Kampagnen rund um die „Eigenlogik der Städte", wie die Stadtsoziologen Helmuth Berking und Martina Löw dies nennen, sollten, bezogen auf das Ruhrgebiet, jedoch nicht allein auf den bereits vorhandenen Charakter fokussieren („Stärken stärken"), sondern, ausgehend von neuen urbanen Herausforderungen, auch neue unverwechselbare Qualitäten umfassen: Das Ruhrgebiet der Zukunft wird so sein wie bisher, und doch ganz anders.

Regionale Leitplanken und Aktivierung der Quartiere

Städtebauliche Visionen für das Ruhrgebiet beziehen sich notwendigerweise auf den regionalen Maßstab, sind also nicht das Gleiche wie städtebauliche Visionen für diese oder jene Stadt innerhalb der Region. Im Vordergrund steht die „Architektur" dieser Region als Ganzes, also das, was sie trägt und repräsentiert.

Stärkere Urbanisierung der Kerne
Zunächst sind dies die Kerne oder Knoten der Region. Sie beschränken sich nicht notwendigerweise nur auf die tradierten städtischen Zentren, die mitunter aufgrund der rasanten Urbanisierung des Gebiets im 19. und 20. Jahrhundert noch gar keine lange Tradition haben, sondern umfassen vor allem jene Räume des Ruhrgebiets, die sich auch künftig für eine stärkere Urbanisierung bzw. Reurbanisierung eignen. Dort stehen höhere Nutzungs- und atmosphärische Dichten im Vordergrund sowie die Konzentration jener Aspekte zeitgemäßer Urbanität, die den immer wieder formulierten Anspruch, „Metropole" werden zu wollen, auch plausibel und erlebbar machen. Kaum ein Stadtzentrum im Ruhrgebiet hat keine freien oder untergenutzten räumlichen Potenziale, und auch die wenigen, großstädtisch anmutenden Stadtquartiere haben Reserven für eine weitere Intensivierung des Großstadtlebens. Die „Nachverdichtung" solcher Kerne – ein Wort, das außerhalb der Planerwelt einen zweifelhaften Ruf genießt – zielt daher nicht auf eine einseitige Spezialisierung mit den immer gleichen Funktionen, sondern auf ihre funktionale Anreicherung, ein höheres Maß an Diversität.

Lebendige Universitätsquartiere
Es sind, um einen Raum-Typus jenseits etablierter Stadtzentren herauszugreifen, gerade die Standorte von Bildungseinrichtungen, die sich für eine gezielte Urbanisierung eignen – mit mehr Nutzungen, mehr Diversität. Viele Hochschulen des Ruhr-

gebiets sind in den 1960er und 1970er Jahren als monofunktionale Betriebsflächen entstanden, bestenfalls ergänzt um einige hochschulnahe Wohnviertel (wie beispielsweise in Bochum) oder, ab den 1980er Jahren, um großflächige, genauso monofunktionale Technologie- und Wissenschaftsparks (wie in Dortmund). Als wichtigste Produktionsstätten von „Zukunft" sind sie aber zugleich mögliche Katalysatoren für weitere Stadtentwicklung: Sie können zu lebendigen, auch über die Region hinaus attraktiven Universitätsvierteln des Ruhrgebiets werden.

Gestaltung der regionalen Leitplanken
Die Kerne oder Knoten des polyzentrischen Ruhrgebiets sind miteinander zu verbinden: zum einen mit leistungsfähiger Infrastruktur, zum anderen mit ästhetisch hochwertigen regionalen Räumen (Straßen, Flüsse, Grünzüge etc.), wie dies bereits im Rahmen der IBA Emscher Park und nun im Kontext von RUHR.2010 und seinen Passagen thematisiert worden ist. Diese regionalen Räume gelten zu Recht als eines der zentralen Betätigungsfelder regionalen Städtebaus, weil sie für die Stadtästhetik des Ruhrgebiets so eminent bedeutsam sind. Allerdings werden – womöglich aus der Perspektive der klassischen Regional- oder technischen Infrastrukturplanung – die Verbindungen noch allzu häufig als Linien gedacht und begriffen, jedoch nicht als dreidimensionale Stadt- bzw. Landschaftsräume. Stadtregionales Entwerfen muss hier die überholte Perspektive des zweidimensionalen Planens hinter sich lassen.

Stadtentwicklung mit attraktiven Freiräumen
Das gilt auch und gerade für die inneren Stadtränder des Ruhrgebiets: Stadtrandlagen sind vor allem deshalb attraktiv, weil sie attraktive Raumerlebnisse bieten (im Wald, am Bach, auf der Obstwiese etc.) – Qualitäten, die innerstädtische Quartiere eher selten bieten können. Wenn diese nahezu allgegenwärtige Verzahnung von Siedlungs- und Freiraum nicht nur eine überwiegend theoretische Qualität („Potenzial") des Ruhrgebiets bleiben soll, müssen diese urbanen Freiräume mit ähnlicher Aufmerksamkeit bedacht werden wie die klassischen Stadträume (Straßen, Plätze etc.). Dass erfolgreicher Städtebau immer häufiger mit qualitätsvollen Freiräumen beginnt, ist nicht nur bei den laufenden Stadtumbauprojekten im Ruhrgebiet unübersehbar, sondern wurde bereits zu einer generellen Maxime der Stadtentwicklung.

Städtebau gegen großräumige Benachteiligungen
Auch auf regionaler Ebene finden räumliche Segregationsprozesse statt. Gerade dort, wo sich im regionalen Maßstab städtebauliche Benachteiligungen häufen, ist die Verantwortung der Region als Ganzes besonders groß, in gegebenenfalls neue städtebauliche Ansätze zu investieren. Der Bau des neuen Emschertals ist dafür das prägnanteste Exempel: Die geplante Transformation dieses Raums ist nicht nur eine gigantische Infrastruktur-Investition, sondern von Beginn an mit dem Anspruch verbunden gewesen, stadträumliche Benachteiligungen des Emscherraums abzubauen und einen ganz neuen Typ von urbaner Kulturlandschaft zu entwickeln, der mit der naturräumlichen Gunst beispielsweise des Ruhrtals durchaus konkurrieren kann.

Freie Experimentierräume
Weil es auf viele Fragen zur künftigen Entwicklung noch keine befriedigenden Antworten gibt, braucht es im Ruhrgebiet schließlich auch ungeplante Räume, möglichst freie Experimentierfelder. Für die Gestaltung von weitreichenden Schrumpfungsprozessen, für den Umgang mit der Transnationalisierung bestimmter Räume der Region, für die Erprobung neuer Nutzungsmodelle jenseits des Besitzens oder auch neuer Infrastrukturtechnologien – für all das braucht es womöglich andere Routinen, Konzepte, Akteure als wir sie bislang aus der Stadt des Industriezeitalters, dem Modell der nur wachsenden Stadt, kennen. Auf solchen stadtregionalen Experimentierfeldern können letztlich andere Werkzeuge des Städtebaus, auch andere Stadtatmosphären, entwickelt werden. Die Erfahrungen mit der IBA Emscher Park haben gezeigt, dass wichtige Innovationen häufig erst im Experiment (und damit verbunden mit der Gefahr des Scheiterns) entstehen.

Vor diesem Hintergrund liegt die Vermutung nahe, dass die Agglomeration RUHR einen Zwei-Maßstabs-Urbanismus erproben muss. Wenn es gelänge, das regionale Grundgerüst aus Landschaftsräumen als attraktivem Rückgrat und aus einem Mobilitätsnetz, das die Region intern „zusammenrücken" lässt und extern vernetzt, zu qualifizieren, wären wichtige Weichen für eine perspektivische Entwicklung gestellt. Die regionalen Leitplanken – verlinkt mit der konkreten Handlungsebene des Quartiers – versprechen eine spürbare und sichtbare Verbesserung der Lebensqualität für die Menschen in der Region, aber auch für diejenigen, die über eine Standortwahl in der Agglomeration nachdenken.

Die *Erprobung eines Zwei-Maßstabs-Urbanismus* – jenseits bekannter Blaupausen von Stadt- und Regionalentwicklung – ersetzt weder das, was zur Zukunft der Europäischen Stadt in der Leipzig-Charta bereits diskutiert und seither in vielen Stadtumbau-Programmen auf den Weg gebracht wird, noch was der Regionalverband Ruhr (RVR) mit seinem regionalen Diskurs zu einem neuen Regionalplan angestoßen hat oder Pilotprojekte wie InnovationCity Bottrop im Hinblick auf energetischen Quartiersbau erreicht haben. Im Gegenteil, er schließt hieran an.

Diese Form eines *mehrdimensionalen und dynamischen Urbanismus* benötigt neue Instrumente und Prozesse. So könnte es mit einem *regionalen Regiebuch aus Plan und Management* gelingen, sich auf die wichtigen regionalen Raumprinzipien zu verständigen und diese mit den Aktivitäten und Initiativen vor Ort zu verknüpfen. Eine solche Strategie kann dem städtebaulichen Denken und Handeln in der Region eine gemeinsame Richtung geben, auch wenn sie immer wieder justiert werden muss.

Literatur

- Alexander, Christopher et al. (1977): A Pattern Language. New York.
- Berking, Helmuth/Löw, Martina (Hrsg.) (2008): Die Eigenlogik der Städte. Neue Wege für die Stadtforschung. Frankfurt, New York.
- Böhme, Gernot (2006): Architektur und Atmosphäre. München.
- Corboz, Andre (2001): Die Kunst, Stadt und Land zum Sprechen zu bringen (Bauwelt Fundamente Bd. 123). Basel, Boston, Berlin.
- Fachgebiet Städtebau, Stadtgestaltung und Bauleitplanung, Fakultät Raumplanung, TU Dortmund (Hrsg.) (2008): Internationale Bauausstellung Emscher Park. Die Projekte 10 Jahre danach. Essen.
- Heinrich-Böll-Stiftung (Hrsg.) (2009): Urban Futures 2030. Visionen künftigen Städtebaus und urbaner Lebensweisen. Berlin.
- Hoeger, Kerstin/Kees, Christiaanse (Ed.) (2007): Campus and the City. Urban Design for the Knowledge Society. Zürich.
- Oswalt, Philipp (Hrsg.) (2004): Schrumpfende Städte. Band 1: Internationale Untersuchung. Ostfildern-Ruit.
- Reicher, Christa et al. (Hrsg.) (2008): StadtPerspektiven. Stuttgart/Zürich.
- Reicher, Christa et al. (Hrsg.) (2011): Schichten einer Region. Kartenstücke zur räumlichen Struktur des Ruhrgebiets. Berlin.

Univ.-Prof. Dipl.-Ing. Christa Reicher (*1960) studierte Architektur und Städtebau an der RWTH Aachen und der ETH Zürich. Sie leitet seit 2002 das Fachgebiet Städtebau, Stadtgestaltung und Bauleitplanung der Fakultät Raumplanung an der Technischen Universität Dortmund. Von 2010 bis 2012 war sie Dekanin der Fakultät Raumplanung. Zuvor war sie von 1998 bis 2002 Professorin für Städtebau und Entwerfen am Fachbereich für Architektur an der Hochschule Bochum. Seit 2010 ist sie Vorsitzende des wissenschaftlichen Beirats des Bundesinstitutes für Bau-, Stadt- und Raumforschung (BBSR). Sie ist Sprecherin des Graduiertenkollegs „Energieeffizienz im Quartier", das 2014 vom Land NRW im Rahmen der Strategie „Fortschritt NRW" eingerichtet worden ist. Sie ist Mitgründerin und Partnerin des Planungsbüros RHA – reicher haase architekten + stadtplaner mit Sitz in Aachen. Dazu wirkt sie in mehreren Beiräten mit, u.a. im Gestaltungsbeirat Dortmund, im Baukollegium Berlin und im Beirat Green City Zürich.

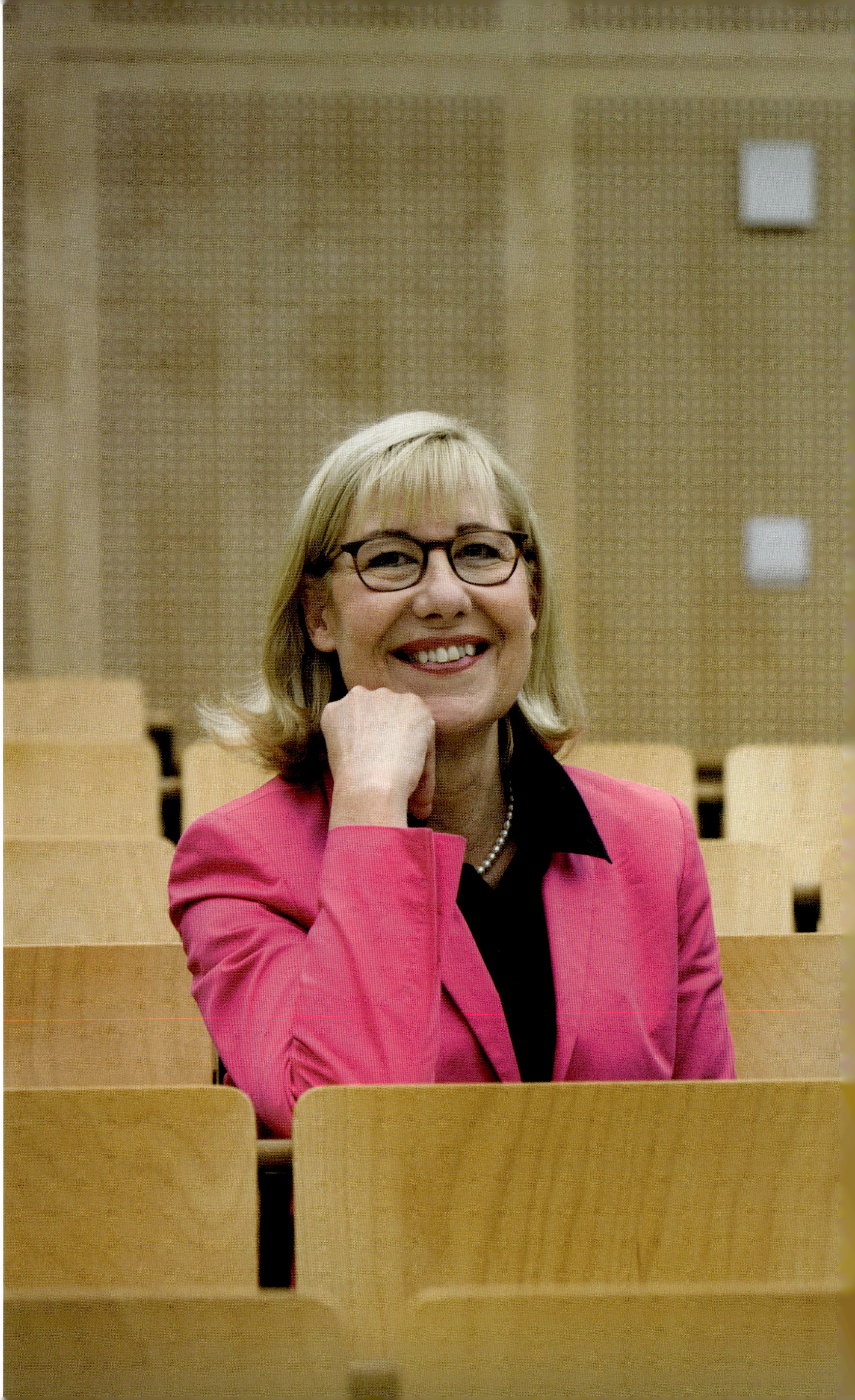

WISSENSCHAFTLER

Ursula Gather

Campus der TU Dortmund, Dortmund

 Prof. Dr. Ursula Gather wurde 1953 in Mönchengladbach geboren und lebt seit 1986 im Ruhrgebiet. Sie ist Rektorin der TU Dortmund und Professorin für Mathematische Statistik und industrielle Anwendung (beurlaubt).

Die TU Dortmund ist Ausdruck des erfolgreichen Strukturwandels im Ruhrgebiet. Sie besteht aus dem Nord- und dem Süd-Campus, die durch eine H-Bahn verbunden sind. Wie die Stadt Dortmund insgesamt besitzt der Campus der TU zahlreiche Grünflächen. Viele Gebäude auf dem Campus sind aus den 1970er Jahren, andere dagegen ganz neu, und diese Mischung strahlt ihren eigenen, besonderen Charme aus.

„

Nach vorne blicken und Herausforderungen anpacken – mit dieser Herangehensweise werden zu Recht die Menschen im Ruhrgebiet beschrieben: Sie sind tatkräftig, entschlossen und gleichzeitig bodenständig.

Wir haben hier drei große, sehr gute Universitäten und weitere Hochschulen mit herausragenden Studienangeboten, und es gibt wohl kaum eine Studienrichtung, die hier nicht angeboten wird.

Die Vielfalt des Ruhrgebietes ist seine große Stärke und Besonderheit: Hier ist es zugleich urban und weltoffen, grün, lebenswert.

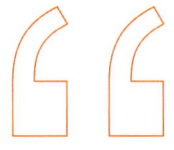

"

Campus der TU Dortmund, Dortmund

Als ich mich selbst damals dafür entschied, einen Ruf ins Ruhrgebiet anzunehmen, spielten die sehr guten Bedingungen an der TU Dortmund, mit der einzigartigen Fakultät Statistik, die größte Rolle: Sich so eng mit Statistiker-Kollegen austauschen zu können, ist an kaum einem anderen Ort möglich. Diese sehr guten Bedingungen waren aber nicht nur entscheidend, als es darum ging, nach Dortmund zu kommen, sondern auch dafür, hier zu bleiben. Andere Rufe, auch ins Ausland, habe ich abgelehnt.

Auch über die Statistik hinaus hat das Ruhrgebiet für Studierende wie Wissenschaftler viel zu bieten: Wir haben hier drei große, sehr gute Universitäten und weitere Hochschulen mit herausragenden Studienangeboten, und es gibt wohl kaum eine Studienrichtung, die hier nicht angeboten wird. Zudem umgibt uns eine hohe Anzahl renommierter, außeruniversitärer Forschungsinstitute, die gemeinsam mit uns für Promotionsvorhaben oder die Postdoc-Phase ebenfalls interessante Adressen sind.

Nach vorne blicken und Herausforderungen anpacken – mit dieser Herangehensweise werden zu Recht die Menschen im Ruhrgebiet beschrieben: Sie sind tatkräftig, entschlossen und gleichzeitig bodenständig. Diese Sicht der Dinge hilft auch beim wissenschaftlichen Erkenntnisgewinn und ebenso, wenn es darum geht, die Entwicklung einer Region mit voranzutreiben sowie notwendige Veränderungen mitzugestalten. Zudem gibt es im Ruhrgebiet großartige Kulturangebote, Museen, Opern- und Schauspielhäuser, die ich gerne besuche und die mir sehr gefallen. Die Vielfalt des Ruhrgebietes ist seine große Stärke und Besonderheit: Hier ist es zugleich urban und weltoffen, grün, lebenswert.

Gleichwohl sehe ich mich auch häufiger mit Bildern des Ruhrgebietes konfrontiert, die nicht unbedingt von aktueller Ortskenntnis geprägt sind: Kohle, Zechen und rauchende Schlote, Bier. Das alles sind überholte Motive, die aber weiterhin verwendet werden, um das Ruhrgebiet zu illustrieren. Kein Wunder, dass sie so in den Köpfen weiterleben. Viel zeitgemäßer und richtig wäre: moderne Industrie, IT, Logistik, Wissenschaft, Kultur, Dienstleistung. Es gilt nun, diese aktuellen Facetten und Schwerpunkte in die Köpfe zu bringen.

Die TU Dortmund wurde 1968 gegründet. Wie viele Universitätsgründungen dieser Zeit ist auch die TU Dortmund heute Ausdruck des erfolgreichen Strukturwandels im Ruhrgebiet. Gemeinsam mit dem benachbarten Technologiepark Dortmund, der übrigens der größte Deutschlands ist, steht die TU Dortmund für die Entwicklung des Ruhrgebietes zum modernen Wissenschafts- und Technologiestandort. Seit 28 Jahren bin ich mittlerweile hier und verbringe seitdem die meiste Zeit des Tages hier auf dem Campus, sodass er mir richtig ans Herz gewachsen ist. Der Campus – wobei ich eher „die" Campusteile sagen müsste, denn die TU Dortmund besteht aus dem Nord- und dem Süd-Campus – ist sehr schön und auch einzigartig. Beide Campusteile werden durch eine H-Bahn verbunden, die im Fünf-Minuten-Takt von Nord nach Süd fährt. Wer schon mit ihr fuhr, weiß, dass man in den 51 Sekunden Fahrzeit nur über Wald und Wiesen gleitet. Wie die Stadt Dortmund insgesamt besitzt der Campus der TU zahlreiche Grünflächen. Viele Gebäude auf dem Campus sind aus den 1970er Jahren, andere dagegen ganz neu, und diese Mischung strahlt ihren eigenen, besonderen Charme aus.

Dabei ist unser Campus im ständigen Wandel. Er ist gewachsen, größer und in vielen Teilen moderner geworden: Er geht mit der Zeit. Ich hoffe selbstverständlich, dass der Wandel anhält und wir weiter in die Modernisierung unseres Campus investieren können.

IUL
Institut für
Umformtechnik
und Leichtbau
MW MÜLLER WEINGARTEN

WISSENSCHAFTLER

Matthias Kleiner

Institut für Umformtechnik und Leichtbau der TU Dortmund, Dortmund

Prof. Dr. Matthias Kleiner wurde 1955 in Recklinghausen geboren und lebt abwechselnd im Ruhrgebiet und in Berlin. Er ist Präsident der Leibniz-Gemeinschaft und Professor für Umformtechnik an der Technischen Universität Dortmund.

Die Experimentierhalle des Instituts für Umformtechnik und Leichtbau der Fakultät Maschinenbau befindet sich auf dem Campus Süd der Technischen Universität Dortmund. Es stehen auf einer Fläche von 1.300 m² mehr als 40 Maschinen zur Verfügung, die in Studium und Lehre genauso wie in der Forschung genutzt werden. Der Halle angeschlossen sind Gebäude mit weiteren Laboren, Büros und Seminarräumen.

> Das Ruhrgebiet ist heute geprägt von Wissenschaft und Forschung, von Unternehmen mit neuester Produktion, effizienter Logistik und von modernen Verwaltungen. Das kann sich gern noch etwas weiter herumsprechen!

> Heimat ist vielleicht auch der Ort, wo man selbst gerne andere Menschen zu Besuch hat. Oder denen gerne eine Heimat gibt, die selbst keine mehr haben. Auch das ist das Ruhrgebiet.

> Das Ruhrgebiet ist eine vielfältige Wissenschaftsregion, eine vielfältige Landschaft von Forschungsinstituten, die dicht an den Universitäten arbeiten. Es gibt auch eine sehr aufgeschlossene kommunale Landschaft: Die Kommunen haben schon vor vielen Jahren erkannt, wie wichtig es ist, Forschung zu fördern. Und nicht zuletzt die Wirtschaft setzt sehr stark auf Wissenschaft und Forschung.

> Hier wurde – und wird! – konsequent auf den vorhandenen Stärken aufgebaut.

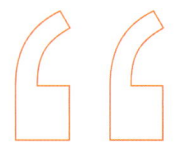

Institut für Umformtechnik und Leichtbau der TU Dortmund

Ich bin, wenn es ihn denn gibt, ein typischer Ruhrgebietsmensch: Meine Mutter kam aus Mecklenburg, mein Vater aus Ostpreußen. Sie sind 1953 nach Westdeutschland gekommen und im Ruhrgebiet gelandet. Ich bin ein echtes Kind des Ruhrgebietes und des Bildungsaufschwungs und konnte so ganz neue Bildungsmöglichkeiten nutzen. Ich habe hier studiert, meine Doktorarbeit geschrieben und mich habilitiert.

Es gibt viele Klischees über das Ruhrgebiet, die nicht nur in den einzelnen Köpfen existieren, sondern sich vor allem in den Medien festgesetzt haben. Dabei hat sich sehr viel verändert in den letzten 50 Jahren. Ich stelle fest, dass es hier sehr grün und die Luft sauber ist. Die alten Industrien sind so nicht mehr da, aber stattdessen ist etwas anderes gewachsen. Das Ruhrgebiet ist heute geprägt von Wissenschaft und Forschung, von Unternehmen mit neuester Produktion, effizienter Logistik und von modernen Verwaltungen. Das kann sich gern noch etwas weiter herumsprechen! In Berlin sehe ich nun, dass junge Leute sich sehr dorthin gezogen fühlen – von Attraktionen, die man genauso auch hier im Ruhrgebiet hat: eine aufregende, vielfältige, tolerante und sehr aktive Kulturszene, viele Menschen auf wenig Raum, ohne dass es zu eng wird, viele Ausweichmöglichkeiten in die umliegenden Regionen. Das Ruhrgebiet und Berlin – beide sind für mich durchaus vergleichbar.

Dortmund, das Ruhrgebiet: Das ist meine Heimat. Hier kenne ich mich aus, hier sehe ich gewohnte Bilder, treffe auf liebgewonnene Menschen, auf Verhaltensweisen, die ich kenne und schätze. Zuverlässigkeit ist eine Charaktereigenschaft, die ich mit den Menschen im Ruhrgebiet verbinde, ebenso wie Offenheit und Herzlichkeit in der Aufnahme von anderen Menschen. Insofern ist Heimat vielleicht auch der Ort, wo man selbst gerne andere Menschen zu Besuch hat. Oder denen gerne eine Heimat gibt, die selbst keine mehr haben. Auch das ist das Ruhrgebiet.

Das Ruhrgebiet, die Ruhrgebiets-Hochschulen: Die Möglichkeiten, die man hier hat, die sind schon prima! Mein erster eigener Lehrstuhl war ganz im Osten Deutschlands, nämlich an der damals neugegründeten TU Cottbus. Dort etwas Eigenes aufzubauen, hatte einen großen Reiz. Aber dann zogen das Land NRW und die TU Dortmund mich mit Arbeitsmöglichkeiten zurück, die auch im internationalen Maßstab so gut waren, dass ich gar nicht widersprechen konnte. Das war schon fantastisch: Ich habe gesagt, was ich wissenschaftlich Neues machen möchte und was ich dafür brauchen würde. Und dann wurde mir gesagt: „Ja, das machen wir."

Wissenschaft hat viel sowohl mit Kooperation als auch mit Wettbewerb zu tun. Zwischen beidem muss es eine gute Balance geben. Beides kann man im Ruhrgebiet erleben. Es gibt vielfältige Kooperationsmöglichkeiten, auch über die Grenzen der Disziplinen hinweg, gerade zwischen den drei Ruhrgebiets-Universitäten. Man kann auch noch weiter schauen, nach Bielefeld, Münster, Paderborn – dort sind Universitäten und Menschen, mit denen man ebenso gut und produktiv zusammenarbeiten kann. Das Ruhrgebiet ist eine vielfältige Wissenschaftsregion, eine vielfältige Landschaft von Forschungsinstituten, die dicht an den Universitäten arbeiten. Es gibt auch eine sehr aufgeschlossene kommunale Landschaft: Die Kommunen haben schon vor vielen Jahren erkannt, wie wichtig es ist, Forschung zu fördern. Und nicht zuletzt die Wirtschaft setzt sehr stark auf Wissenschaft und Forschung.

Dieser Ort zeigt die Entwicklung von Forschung und Lehre in einem spezifischen Feld, das mir sehr am Herzen liegt: die Produktionstechnik. Das ist meine Wissenschaft, meine Disziplin. Diese Disziplin hat sich in den letzten Jahrzehnten sehr verändert: Sie ist jetzt stärker mit Computermethoden, mit Automatisierung und mit Hochtechnologie verbunden.

Das Institut für Umformtechnik und Leichtbau hier an der TU Dortmund, an der ich auch studiert habe, hat sich weit über nationale Grenzen hinweg zu einem der führenden Institute seines Feldes entwickelt. Mit der Gründung des Instituts vor einem Jahrzehnt haben wir eine lang etablierte Technik mit einer Querschnittstechnologie verbunden: Es geht um Umformtechnik und Leichtbau. Insofern hat sich hier für vielfältige Forschung eine neue Dimension aufgetan.

Ich bin diesem Ort sehr verbunden. Ich habe erlebt, wie er sich entwickelt hat: 1998, als ich als Professor zurück nach Dortmund kam, waren diese Experimentierhalle und dieses gläserne Forschungsgebäude noch nicht vorhanden. Insofern steckt für mich auch eine Menge Herzblut in diesem Ort – viele Erinnerungen, aber vor allem auch der Blick nach vorne: Zu sehen, wie es weiter geht, wie und wo Innovationen geschehen und motiviert werden können, und auch, wo man Platz für Neues schaffen muss. Dafür ist heute maßgeblich mein Partner im Institut, Professor Erman Tekkaya, verantwortlich – und er ist es auf eine sehr erfolgreiche Weise.

Gleichzeitig sagt dieser Ort auch etwas über den Wandel des Ruhrgebietes als Region aus. So hatte die Umformtechnik hier noch vor 20, 30 Jahren ausschließlich mit Stahl zu tun: mit der Entwicklung von Stahl, mit der Anwendung vor allem in der Automobilindustrie, aber auch in vielen anderen Feldern. Jetzt ist das alles viel breiter geworden: Es geht nicht nur um Stahl, sondern auch um andere Leichtbauwerkstoffe. Und dies war keine destruktive Entwicklung. Hier wurde – und wird! – konsequent auf den vorhandenen Stärken aufgebaut. Das ist bemerkenswert, finde ich.

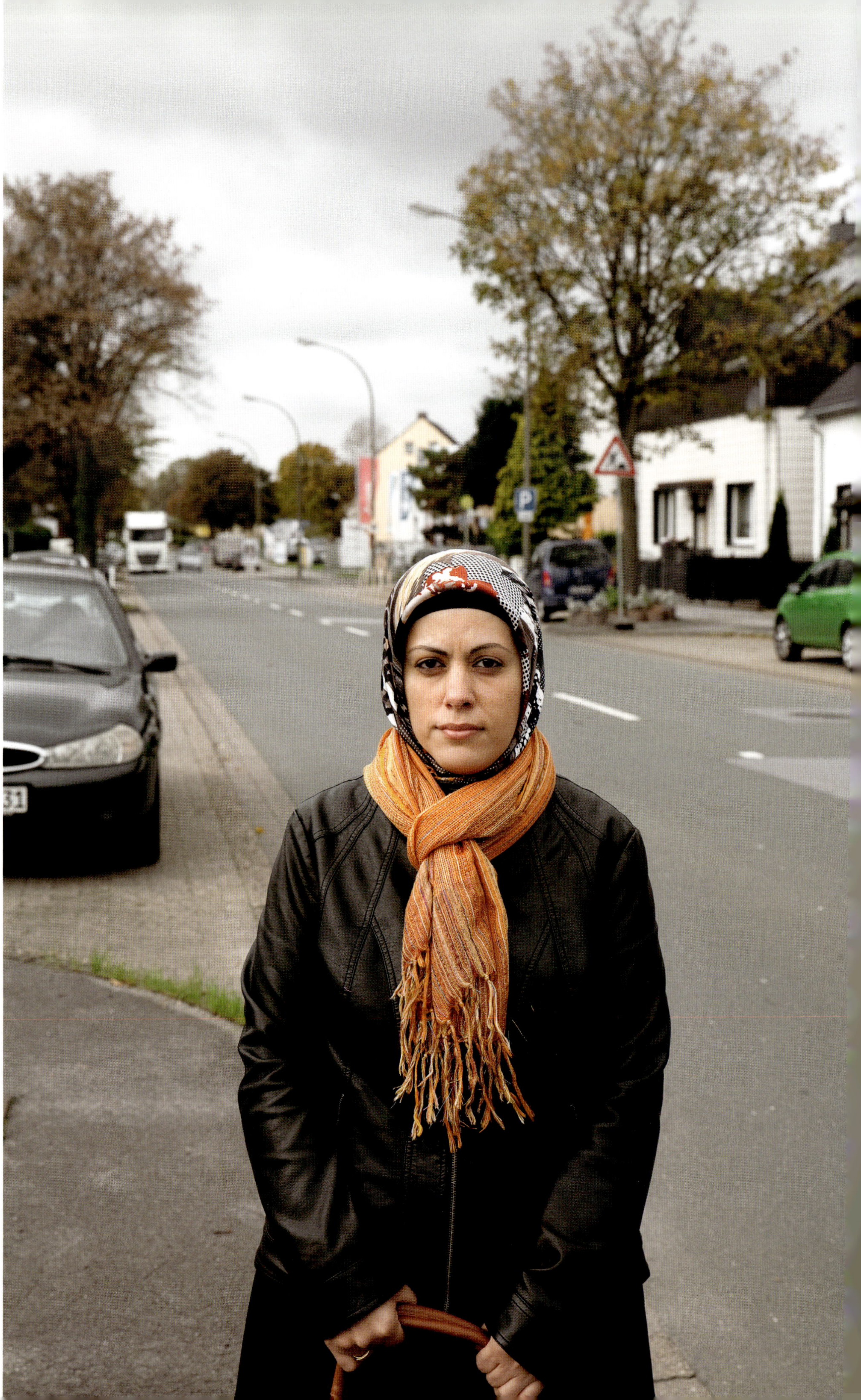
P

GEWINNER FOTOWETTBEWERB

Nagihan Atan

Alter Hellweg, Dortmund

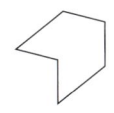

Nagihan Atan wurde 1976 geboren und ist seit 1979 im Ruhrgebiet.

Kaum eine Straße hat im Ruhrgebiet wohl eine ältere Geschichte als der Hellweg. Als Verbindungsstrecke zwischen Rhein und Elbe diente er bereits seit vorrömisch-germanischer Zeit als Handels- und Reiseweg. In Dortmund-Kley verläuft der Alte Hellweg zwischen der Autobahn A 40 und einer S-Bahnstrecke der Deutschen Bahn. Neben Wohnhäusern befinden sich hier auch Firmensitze und Ladenlokale.

Alter Hellweg, Dortmund

Unsere Straße, der Alte Hellweg. Hier habe ich den wesentlichen Teil meiner Kindheit verbracht. Unsere Naturerlebnisse: Schräg gegenüber unserer Wohnung gab es eine riesengroße unberührte Grünfläche, die wir für uns beanspruchten. Meine Eltern haben auf einem kleinen Teil der riesigen Fläche einen Gemüsegarten angebaut. Auf dem Rest wuchs das Gras dermaßen in die Höhe, dass wir darin Verstecken spielen konnten. Stets waren wir umgeben von summenden Bienen, wunderschönen Mohnblumen und Margeriten. Besonders die Vielfalt von Schmetterlingen war sehr beeindruckend. Gerne haben wir Jagd auf sie gemacht, um ihre bunten Flügel zu bewundern. Irgendwann mussten wir unsere Spielwiese und unseren Gemüsegarten aufgeben, da hier eine Teppichreinigungsfirma gebaut wurde. Auf einer weiteren Naturfläche gab es sehr viele Obstbäume. Rechtzeitig zur Erntezeit haben wir immer Äpfel, Birnen oder Pflaumen gepflückt. Viele der Obstbäume müssen sehr alt gewesen sein, denn sie waren meiner Erinnerung nach sehr hoch.

Die Kinder in der Nachbarschaft: Wir waren in der gesamten Straße die einzige türkische und natürlich auch die kinderreichste Familie. Mit den wenigen deutschen Kindern haben wir uns schnell angefreundet. Die Andersartigkeit drückte sich darin aus, dass wir türkischen Kinder uns ungezwungen ausgetobt haben, während die deutschen Kinder sich zierten, sich auf das Gras zu setzen, damit ihre Hosen nicht schmutzig wurden. Die deutschen Kinder hatten viele Spielsachen, wir dagegen besaßen keine. Doch dafür hatten wir die ganze Straße zum Spielen.

Unsere Verbindung zur Heimat: Wir besaßen damals kein Haustelefon. Im Alten Hellweg gab es eine klassische gelbe Telefonzelle der Post. Einmal im Monat kamen wir mit unseren gesammelten D-Mark-Münzen zu dieser Telefonzelle und haben mit den Verwandten in der Türkei telefoniert. An regnerischen Tagen haben wir uns alle in die Telefonzelle gequetscht.

Meine Erinnerungen an die „Arbeitsstraße": Der Alte Hellweg war tagsüber sehr belebt. Gerne saß ich auf der Fensterbank im Wohnzimmer und beobachtete das Leben auf der Straße. Am frühen Morgen, wenn die ersten Autos durch die Straße fuhren, wenn die ersten Arbeiter die Straße entlanggingen, begann das Leben im Alten Hellweg. Langsam und stetig stieg der Geräuschpegel. Den ganzen Tag fuhren Autos hin und her. Bei der gegenüberliegenden Tief- und Hochbaufirma gingen die Arbeiter in Massen ein und aus. Einen Arbeiter haben wir immer gern beobachtet. Es war ein blinder Mann, geführt von einem Blindenhund. Jeden Morgen ging er die Straße hinauf, vorbei an unserem Haus, und jeden Nachmittag wieder hinunter. Immer zur gleichen Zeit, jahrelang. Als Kinder waren wir begeistert davon, dass ein Blinder arbeiten ging. Noch beeindruckender war der Hund, der ihn stets treu begleitete. Abends nach Feierabend wurde der Alte Hellweg sehr still. Zurück blieb eine leere Straße. Dann hatte ich nur noch die Stille und die Bäume zum Beobachten

Die Eisenbahnlinie: Quer durch den Alten Hellweg fuhr eine Eisenbahnlinie, die die Durchfahrt der Autos regelmäßig unterbrach. Transportiert wurden Güter und Autos. Wir kannten die Fahrtzeiten der Güterzüge auswendig. Gerne standen wir an der Schranke und haben die Waggons der vorbeifahrenden Güterzüge gezählt. Außerhalb der Fahrtzeiten nutzten wir diesen Schienenweg als Abkürzung, um zu Wertkauf einkaufen zu gehen. Dabei hüpften wir von einer Holzschwelle zur nächsten und zählten sie gleichzeitig mit.

Die Wende zum Negativen: So sehr mich dieser Ort positiv geprägt hat, genauso verbinde ich auch Negatives mit ihm. Als türkisches Mädchen durfte ich, wie es zu dieser Zeit üblich war, nicht ausgehen. Mein Leben spielte sich lediglich im Alten Hellweg ab. Daneben blieben mir Orte auf dem Weg zwischen Zuhause und Schule. Selbst hier waren Umwege nicht erlaubt. Aus der einstigen Spielstraße wurde ein Käfig, aus dem ich flüchten wollte. Meine Sehnsucht nach mehr Freiraum fand ich in der Bibliothek in Lütgendortmund. Sie war meine Zuflucht, aber zugleich auch mein Entfaltungsort.

Der Umzug: Der Alte Hellweg war für uns Kinder in erster Linie ein Abenteuerspielplatz. Er war mit seinen Naturflächen vermutlich auch ein Ersatz für die türkische Heimat. Nachdem wir weggezogen waren, hatten wir lange Jahre Sehnsucht nach „unserer Straße". Wie erlebten jedoch, wie im Laufe der Jahre immer mehr Firmen hinzugezogen sind, für die unsere geliebten Obstbäume weichen mussten. Folglich verschwand eine Naturfläche nach der anderen. Aber ebenso verschwanden auch die einst großen Namen wie „Tief- und Hochbau" oder „Mannesmann". Selbst von der Eisenbahnlinie sind heute keine Spuren mehr übrig. Sehnsucht nach dem Alten Hellweg habe ich nicht mehr, aber er bleibt mit meinen Erinnerungen nach wie vor „unsere Straße".

GEWINNER FOTOWETTBEWERB

„

Außerhalb der Stadtzentren ist das Ruhrgebiet grün. Wir fahren am Wochenende gerne aufs Kartoffelfeld oder auf Plantagen. Zur Erntezeit sieht man dort viele Türken. Ich glaube, das liegt daran, dass früher viele Gastarbeiter auf einer freien Fläche einen Gemüsegarten angebaut haben. Diese Leute suchen nach Gemüse, das noch natürlich ist.

Der alte Hellweg ist ein Spiegelbild des Ruhrgebiets. Früher waren hier große Unternehmen wie Hochtief oder Mannesmann ansässig. Alles, was mit Stahl und Montage zu tun hatte, ist aber im Verlauf abgewandert oder wurde geschlossen. Dafür sind Dienstleistungsunternehmen hinzugekommen.

Die Türkei bleibt mein Geburtsort. Heimat ist für mich aber inzwischen ein Ort, wo ich mich wohlfühle, wo ich gut versorgt bin und wo ich Arbeit habe.

Ich kenne in Deutschland eigentlich nichts anderes als das Ruhrgebiet. Meine Arbeit, meine Freunde und meine Bekannten sind alle hier.

Ich werde deutsch. Das merke ich besonders dann, wenn ich in der Türkei mit ‚türkischen Türken' zusammen bin und deutsche Verhaltensweisen zeige.

„

"Orte Ihres Lebens". Das Konzept der Erinnerungsorte und die Frage nach der Identität im Ruhrgebiet

Joana Seiffert / Stefan Berger

Zeche Zollern in Dortmund-Bövinghausen, Eingang zur Maschinenhalle.

Der Erinnerungs-„Boom"

Seit seiner Erfindung durch Pierre Nora in den 1980er Jahren hat das Konzept der „Erinnerungsorte" geradezu eine Lawine von Literatur in den Human- und Gesellschaftswissenschaften ausgelöst.[1] Dieser „Boom" von Studien über Erinnerung hängt eng zusammen mit der Konjunktur von Erinnerung in heutigen Gesellschaften. Diese Konjunktur wiederum ist ursächlich mit einer Furcht vor Orientierungslosigkeit in einer sich immer schneller wandelnden Weltgesellschaft verbunden. Erinnerungs- und Geschichtskoordinaten sollen ein Netz scheinbarer Kontinuitäten und damit Sicherheiten weben, während die Gegenwart längst aufgehört hat, vertraut zu sein. Nicht zuletzt ist der Erinnerungsdiskurs daher verbunden mit einem Bedürfnis nach Erhalt von gewohnten Landmarken und Sicherheiten.[2] Für das Ruhrgebiet, welches seit vielen Jahrzehnten einem tiefgreifenden wirtschaftlichen und gesellschaftlichen Wandel unterlegen war und noch immer unterliegt, spielt die kollektive Erinnerung bei der kulturellen Selbstvergewisserung und regionalen Identitätsbildung eine wichtige Rolle. Industriekultur und Industriemuseen, Fotobände, Ausstellungen oder auch Geschichtswettbewerbe deuten darauf hin, dass die Identifikation mit der Metropole Ruhr mit der Erinnerung an ihre – vor allem industrielle – Vergangenheit größer wird.

Der vorliegende Beitrag will Noras Konzept der Erinnerungsorte sowie seine Adaptionen und Weiterentwicklungen in Kürze umreißen, um mit Blick auf die Beschreibung, Deutung und Gestaltung der Erinnerungslandschaft Ruhrgebiet die Chancen, Grenzen und Potenziale dieses Konzepts auszuloten.

Erinnerungsorte – ein Konzept im Wandel

Nora hat sein Erinnerungsortekonzept für die französische Nationalgeschichte entwickelt und lange behauptet, es sei nur schwer auf andere Kontexte zu übertragen. Zwischen 1984 und 1992 gab er sieben Bände seiner „lieux de mémoire" heraus, die die nationale Erinnerungslandschaft in Frankreich vermessen sollten.[3] Er stützte sich in seiner theoretischen Rechtfertigung des Konzepts maßgeblich auf den französischen Ethnologen Maurice Halbwachs, der in der Zwischenkriegszeit mit der berühmten Annalesschule in Frankreich verbunden war und 1945 im Konzentrationslager von den Nationalsozialisten ermordet wurde.[4] Halbwachs hatte in den 1920er Jahren von dem kollektiven Rahmen individueller Erinnerung gesprochen, durch die sich soziale Großgruppen auszeichnen.[5] Bei ihm waren individuelle und kollektive Erinnerung auf das Engste miteinander verbunden. Das Individuum erinnerte sich innerhalb der von der Gruppe gesetzten Rahmung und zugleich manifestierte sich eben dieser Rahmen nur über eine Vielzahl individueller Erinnerungen.

Von Halbwachs übernahm Nora nicht nur die Idee von der Nation als kollektiver Erinnerungsgemeinschaft, sondern auch die scharfe Abgrenzung von Erinnerung und Geschichte. Während Geschichte als Geschichtswissenschaft der Wahrheit verpflichtet sei und eine Methodik entwickelt habe, nach der sich die Wissenschaft zumindest wahren Aussagen über die Vergangenheit annähern könne, sei Erinnerung immer zutiefst subjektiv und eben nicht der Wahrheit verpflichtet. Eine wissenschaftliche Beschäftigung mit Erinnerung könne allerdings Aussagen über das historische Bewusstsein von Kollektiven treffen. In dieser scharfen Gegenüberstellung von Geschichtswissenschaft und Erinnerung äußert sich ein noch nahezu ungebrochenes positivistisches Wissenschaftsverständnis, das der Wissenschaft und ihrer Methode zutraut, zur Wahrheitsfindung beizutragen. Dagegen ist eingewandt worden, dass man auch die Geschichtswissenschaft als Teil eines breiteren gesellschaftlichen Erinnerungsdiskurses begreifen kann.[6] Unter dem Einfluss poststrukturalistischer Theorien sind Historiker heute wesentlich kritischer gegenüber einem naiven Wissenschaftspositivismus und verstehen ihre Wissenschaft als Bestandteil breiterer gesellschaftlicher Auseinandersetzungen um

Geschichtsbilder und historisches Bewusstsein, womit sie zugleich ihre Wissenschaft näher an Erinnerungsdiskurse heranrücken.[7]

Die Frage des Verhältnisses von Erinnerung und Geschichte wurde auch von den beiden führenden deutschen Vertretern der „memory studies", Jan und Aleida Assmann, immer wieder aufgegriffen. Sie führten eine besonders wichtige Unterscheidung zwischen „kommunikativem" und „kulturellem Gedächtnis" in die Diskussion ein, die es erlaubt, die Geschichte als Bestandteil des kulturellen Gedächtnisses zu begreifen. Das kulturelle Gedächtnis ist eine institutionalisierte Form der Erinnerung, die sich auf spezifische geografische Orte und zeitliche Momente bezieht. Es versinnbildlicht sich in Texten, Bildern und Ritualen, mit der sich gesellschaftliche Großgruppen erinnern und durch die sie sich in der Regel feiern.[8] Erinnerungsorte im Sinne Noras sind Bestandteil des kulturellen Gedächtnisses. Sie sind, auch darauf hatte Nora bereits verwiesen, Orte nicht unbedingt im physischen Sinne, sondern umfassen auch immaterielle Orte wie Musik, Konzepte, Ideen und die Imagination.

Es war kein Zufall, dass sich das Konzept der Erinnerungsorte zuerst und vor allem im Hinblick auf die Nationalgeschichte entwickelte. Im Frankreich der 1970er und 1980er Jahre war die Nationalgeschichte in eine tiefe Krise geraten. Ihr seit dem 19. Jahrhundert bestehender Ankerpunkt, die große französische Revolution von 1789, funktionierte nach deren umfassenden Demontierung als positives Ereignis nicht mehr richtig. Fragen von Kollaboration und nach den Wurzeln des Vichy-Regimes in Frankreich komplizierten zudem die heroischen Narrative der Nation im 20. Jahrhundert.[9] In diesem Zusammenhang gab es gerade in den 1980er Jahren einen massiven Aufschwung der französischen Nationalgeschichtsschreibung, in dessen Kontext sich Noras Großprojekt zu den französischen Erinnerungsorten einpasste.[10] Das „Revival" der Nationalgeschichtsschreibung reichte weit über Frankreich hinaus. In den 1990er Jahren nahm dieser Trend sowohl in Westeuropa als auch in Osteuropa – durch den Zusammenbruch des Kommunismus und die Bemühungen um eine „ever closer political union" innerhalb der Europäischen Union – eher noch zu.[11] Diese neue Sehnsucht nach Nationalgeschichte beförderte auch die Rezeption und Adaption von Noras Konzept der Erinnerungsorte in andere nationalgeschichtliche Kontexte hinein. In den 1990ern und 2000ern erschienen in vielen Ländern Europas Adaptionen von Noras Erinnerungsorten. Dabei wurde Noras Konzept nicht nur für andere nationale Kontexte adaptiert, sondern erlangte auch im Zusammenhang transnationaler, ehemals imperialer oder aber regionaler Erinnerungsräume an Beliebtheit.[12] Gerade die „Wiederkehr des Regionalen" bescherte dem Erinnerungsortekonzept einen heftigen Rückenwind.[13] Zugleich gab es neben solchen räumlichen Adaptionen auch nicht-räumliche kollektive Großgruppen, die ebenfalls mit dem Konzept der Erinnerungsorte operierten, um etwa bestimme soziale oder religiöse Gruppen, Parteien, soziale Bewegungen und Organisationen in ihren jeweiligen Erinnerungshaushalten näher zu bestimmen.[14]

Erinnerungsorte – ein Konzept auf dem Prüfstand

Kollektive Erinnerungen jeglicher Art sind gebunden an kollektive Erfahrungen. Sie sind Versuche der Verarbeitung von solchen Erfahrungen, die in der Erinnerung rekonfiguriert und reinterpretiert werden.[15] Die Erinnerungsgeschichte hinterfragt hierbei, wie kollektive Formen der Erinnerung funktionieren, was sie über kollektive Selbstverständigungsprozesse innerhalb von Gesellschaften aussagen und wie die Vergangenheit über Erinnerungsdiskurse immer wieder neu erzählt wird. Hierbei sind Erfahrung wie Erinnerung nur über Narrative zu fassen, so dass die genaue Untersuchung der spezifischen Erinnerungsnarrative ein zentrales Anliegen von Erinnerungsgeschichte geworden ist.[16]

In welches Narrativ welche Erinnerung verpackt wird, hängt dabei von den Erinnerern und ihren jeweiligen Interessen ab. Im Deutschen hat man im Hinblick auf die Erfahrung des Nationalsozialismus und des Holocaust den Begriff der „Vergangenheitsbewältigung" geprägt.[17] Gerade weil Erinnerungsdiskurse häufig geknüpft sind an Erinnerungsdebatten, kommt der Beschäftigung mit Erinnerungsdiskursen oftmals eine hohe gesellschaftspolitische Relevanz zu, die wiederum Erinnerungsgeschichte in die Nähe von Geschichtspolitik oder Vergangenheitspolitik rückt.[18] Hierbei kann man offizielle Formen der Erinnerung, z.B. von Regierungen finanzierte und verordnete Formen des Gedenkens, von oppositionellen Formen der Erinnerung unterscheiden, bei denen gesellschaftliche Gruppen Gegenerinnerungen gegen die offiziellen Formen des Gedenkens zelebrieren.[19]

Es ist genau diese permanente Umstrittenheit von Erinnerungsdiskursen, die diese recht eigentlich charakterisieren. Innerhalb einer Gesellschaft gibt es soziale Großgruppen, die Erinnerungsarchipele bilden, welche wiederum auf vielfältige Art und Weise miteinander verknüpft sind, in Widerspruch zueinander stehen und um die „richtige" Erinnerung streiten. Jeffrey Olick spricht in diesem Zusammenhang von fluiden und sich permanent in unterschiedliche Richtungen entwickelnden Erinnerungslandschaften.[20] Diese Fluidität und Wandelbarkeit von Erinnerung steht jedoch in einer permanenten Spannung zur Tendenz des Erinnerungsortekonzepts, Erinnerung festzuschreiben und in einer Art von Meistererzählung zu institutionalisieren.[21]

Um sich solchen Festschreibungen und scheinbaren Eindeutigkeiten zu entziehen, ist es wichtig, Erinnerungsorte als Palimpseste zu begreifen. Sie sind wie mehrfach überschriebene Texte, die fortwährend weiter überschrieben werden.[22] Die Forschung über Erinnerungsorte muss sich dieser Überschreibungen gewahr werden und sie in ihre Analyse miteinbeziehen. Die Geschichten, die sich um Erinnerungsorte ranken, werden permanent um- und neugeschrieben. Vor diesem Hintergrund hat Jeffrey Olick vorgeschlagen, den Begriff der „collective memory" durch „collected memory" zu ersetzen. Hierdurch wird das konstruktivistische Element des Erinnerungsdiskurses hervorgehoben: Erinnerungen müssen gesammelt werden, was natürlich unmittelbar die Frage aufwirft, wer mit welcher Absicht wie sammelt. Also wird hier nachhaltiger auf die Akteure verwiesen, als das bei Forschungen zu kollektiver Erinnerung oder auch zu Erinnerungsorten oftmals der Fall ist.[23]

Erinnerung wird aus der Gegenwart und aus der Zukunft heraus konstruiert. Erinnerungsdiskurse dienen der Verständigung über die Vergangenheit, die wiederum ein Handeln in der Gegenwart im Hinblick auf eine imaginierte Zukunft erlaubt. Dabei gibt es allerdings auch eine Erinnerung, die die Gegenwart problematisiert und bestimmte Vorstellungen von Zukunft gegebenenfalls verstellt. Indem Erinnerung Sinn stiftet, werden Zeitregime möglichst eindeutig gemacht, mit anderen Worten, Erinnerungsorte sind konstitutiv für bestimmte Zeiten. Sie werden bestenfalls mit der Zeit abgelöst durch andere Erinnerungsorte, die dann für eine andere Zeit konstitutiv sind. Gegen eine solche Verknüpfung von Erinnerungsorten mit Zeitregimen spricht, dass verschiedene Erinnerungsorte immer gleichzeitig wirkmächtig sind und häufig in Konkurrenz zueinander stehen.[24]

Aus dieser expliziten Verknüpfung zeitlicher Ebenen mit Sinngebungskomponenten ergeben sich einige der größten Schwächen des Konzepts der Erinnerungsorte. Die Erinnerungsorte sind ihrer eigenen Zeitlichkeit untergeordnet. Mit anderen Worten sie werden mit einem bestimmen Zeithorizont geschaffen und vergehen unter Umständen auch wieder, wenn sich dieser Zeithorizont verändert. Hat man den Erinnerungsort aber erst mal als solchen konstruiert, sträubt und widersetzt er sich seiner Veränderung und Auflösung, denn die Etablierung von Erinnerungsorten ist immer mit deren Kanonisierung verbunden. Die Denkfigur des Ortes, ob dieser nun materiell ist oder nicht, neigt zusätzlich zu einer Verfestigung von Erinnerung in der Zeit. Vor diesem Hintergrund stellt sich die Frage, ob andere Begrifflichkeiten geeigneter sind, eine Metaebene der Reflexion über Vergänglichkeit und Konstruiertheit von Erinnerungsorten ebenso zuzulassen wie die Möglichkeit einer gleichzeitigen Pluralität von Erinnerungsorten. Wir haben hier an anderer Stelle vorgeschlagen, Orte durch Räume und Erinnerung durch Zeit zu ersetzen, mit anderen Worten den Begriff der Erinnerungsorte durch den Begriff der Zeit-Räume abzulösen. Für eine Abkehr von der Kanonisierung, unter der die Erinnerungsorte leiden, scheint uns dies ein Schritt in die richtige Richtung.[25]

Mit Blick auf den vorliegenden Bildband, dem die Frage nach Orten zugrunde liegt, die im Ruhrgebiet Identität stiften, ist es daher wichtig, die einzelnen Fotobeiträge nicht als Ausdruck einer starren oder gar verbindlichen Ruhrgebietsidentität zu verstehen. Als mögliche Fixpunkte einer Identifikation mit der Region regen sie vielmehr zu einer kritischen, selbstreflexiven Auseinandersetzung mit eigenen und fremden Vorstellungen von regionaler Identität an. Indem diese Bilder sowohl das Vertraute als auch das Fremde repräsentieren, lenken sie die Aufmerksamkeit auf die Wandelbarkeit von Erinnerungen und identitären Vorstellungen und laden zu einer generationen- und geschlechterübergreifenden Kommunikation über die Erinnerungsorte des Ruhrgebiets ein.

1 Vgl. Kornelia Kończal, Pierre Noras folgenreiches Konzept von „les lieux de mémoire" und seine Re-Interpretationen. Eine vergleichende Analyse, in: Geschichte in Wissenschaft und Unterricht 62 (2011), S. 17–36.
2 Geoff Eley, The Past under Erasure? History, Memory, and the Contemporary, in: Journal of Contemporary History 46 (2011), S. 555-573.
3 Pierre Nora, Les Lieux de mémoire, 7 vols., Paris 1984-1992; siehe auch Peter Carrier, Places, Politics and the Archiving of Contemporary Memory in Pierre Nora's Les Lieux de Mémoire, in: Susannah Radstone (Hrsg.), Memory and Methodology, Oxford 2000, S. 37–57; Hue-Tam Ho Tai, Remembered Realms: Pierre Nora and the French National Memory, in: American Historical Review 106 (2001), S. 906–922.
4 Gerald Echterhoff/Martin Saar (Hrsg.), Kontexte und Kulturen des Erinnerns. Maurice Halbwachs und das Paradigma des kollektiven Gedächtnisses, Konstanz 2002.
5 Maurice Halbwachs, Les cadres sociaux de la mémoire, Paris 1925; zum Verhältnis von Nora zu Halbwachs vgl. auch Klaus Große Kracht, Gedächtnis und Geschichte: Maurice Halbwachs – Pierre Nora, in: Geschichte in Wissenschaft und Unterricht 47 (1996), S. 21–31.
6 Alon Confino, History and Memory, in: Daniel Woolf/Axel Schneider (Hrsg.), The Oxford History of Historiography, Vol. 5: 1945 to the Present, Oxford 2011, S. 36–51; vgl. zu dieser Thematik auch Aleida Assmann, Geschichte im Gedächtnis. Von der individuellen Erfahrung zur öffentlichen Inszenierung, München 2007; Berthold Unfried, Gedächtnis und Geschichte. Pierre Nora und die „lieux de mémoire", in: Österreichische Zeitschrift für Geschichtswissenschaft 2 (1991), S. 79–99.
7 Bill Niven/Stefan Berger, Introduction, in: dies. (Hrsg.), Writing the History of Memory, London 2014, S. 1–24.
8 Jan Assmann, Cultural Memory and Early Civilization: Writing, Remembrance and Political Imagination, Cambridge 2011; Aleida Assmann, Cultural Memory and Western Civilization: Functions, Media, Archives, Cambridge 2011; dies., Erinnerungsräume. Formen und Wandlungen des kulturellen Gedächtnisses, München 1999.
9 Eric Conan/Henry Roussou, Un passé qui ne passe pas, Paris 1997.
10 Jean-Paul Willaime: De la sacralisation de la France. Lieux de mémoire et imaginaiere national, in: Archives de science sociales des religions 66 (1988), S. 125–145.
11 Stefan Berger/Christoph Conrad, The Past as History: Writing National Histories in Modern Europe, Basingstoke 2015, Kap. 6.
12 Siehe zum Beispiel Radu Carciumaru, Memories of Post-Imperial Nations, Tagungsbericht, http://hsozkult.geschichte.hu-berlin.de/tagungsberichte/id=4990 [28.10.2014]; Pim den Boer et al. (Hrsg.), Europäische Erinnerungsorte, 3 Bde, München 2012; Rudolf Jaworski/Jan Kusber/Ludwig Steindorff (Hrsg.), Gedächtnisorte in Osteuropa. Vergangenheiten auf dem Prüfstand, Frankfurt am Main 2003; Jacques Le Rider (Hrsg.), Transnationale Gedächtnisorte in Zentraleuropa, Innsbruck 2002; Ulf Engel/Matthias Middell/Stefan Troebst (Hrsg.), Erinnerungskulturen in transnationaler Perspektive, Leipzig 2012; Marek Czapliński/Hans-Joachim Hahn/Tobias Weger (Hrsg.), Schlesische Erinnerungsorte. Gedächtnis und Identität einer mitteleuropäischen Region, Görlitz 2005; Peter Steinbach/Reinhold Weber/Hans Georg Wehling (Hrsg.), Baden-Württembergische Erinnerungsorte, Stuttgart 2012; Mareike Witkowski (Hrsg.), Oldenburger Erinnerungsorte, Oldenburg 2012.
13 Rolf Lindner (Hrsg.), Die Wiederkehr des Regionalen. Über neue Formen kultureller Identität, Frankfurt am Main 1994; siehe auch Matthias Middell/Sabine Tzschaschel/Heinz-Werner Wollersheim (Hrsg.), Region und Identifikation, Leipzig 1998.
14 Vgl. z.B. Christoph Markschies/Hubert Wolf (Hrsg.), Erinnerungsorte des Christentums, München 2010; Elke Stein-Hölkeskamp/Karl-Joachim Hölkeskamp (Hrsg.), Erinnerungsorte der Antike. Die römische Welt, München 2006; Johannes Fried/Olaf B. Rader (Hrsg.), Die Welt des Mittelalters. Erinnerungsorte eines Jahrtausends, München 2011; Jürgen Zimmerer, Kein Platz an der Sonne. Erinnerungsorte der deutschen Kolonialgeschichte, Frankfurt am Main 2013; Frank Uekötter, Ökologische Erinnerungsorte, Göttingen 2014; Meik Woyke, Erinnerungsorte der deutschen Sozialdemokratie. Konzeption und didaktisches Profil einer Internetpräsentation für die historisch-politische Bildung, in: Jahrbuch für Politik und Geschichte 3 (2012), S. 149–169.
15 Iain McCalman/Paul A. Pickering (Hrsg.), Historical Re-enactment: from Realism to the Affective Turn, Basingstoke 2010.
16 Theorien zur Narrativität rekurrieren häufig auf den Altmeister narrativer Analysestrukturen: Haydn White, Metahistory. Die historische Einbildungskraft im 19. Jahrhundert in Europa, Frankfurt am Main 1991; ders., Tropics of Discourse: Essays in Cultural Criticism, Baltimore 1978; siehe auch Martin McQuillan, The Narrative Reader, New York 2000.
17 Peter Reichel, Vergangenheitsbewältigung in Deutschland. Die Auseinandersetzung mit der NS-Diktatur in Politik und Justiz von 1945 bis heute, München 2007.
18 Norbert Frei, Vergangenheitspolitik. Die Anfänge der Bundesrepublik und die NS-Vergangenheit, München 1996; Christoph Cornelißen, Was heißt Erinnerungskultur? Begriff – Methoden – Perspektiven, in: Geschichte in Wissenschaft und Unterricht 54 (2003), S. 548–563.
19 Natalie Zemon Davis/Randolph Starn (Hrsg.), Memory and Counter Memory, special issue of: Representations 26 (1989).
20 Jeffrey K. Olick (Hrsg.), States of Memory. Continuities,

21 Zu Meistererzählungen vgl. Konrad H. Jarausch/Martin Sabrow (Hrsg.), Die historische Meistererzählung. Deutungslinien der deutschen Nationalgeschichte nach 1945, Göttingen 2012.
22 Andreas Huyssen, Urban Palimpsests and the Politics of Memory, Stanford 2013; Max Silverman, Palimpsestic Memory. The Holocaust and Colonialism in French and Francophone Film and Fiction, Oxford 2013.

Conflicts, and Transformations in National Retrospection, Durham 2003.

23 Jeffrey K. Olick/Vered Vinitzky-Seroussi/Daniel Levy (Hrsg.), The Collective Memory Reader, Oxford 2011, S. 225 f.
24 Aleida Assmann, Ist die Zeit aus den Fugen? Aufstieg und Fall des Zeitregimes der Moderne, Stuttgart 2013.
25 Vgl. hierzu Stefan Berger/Joana Seiffert, Erinnerungsorte – Ein Erfolgskonzept auf dem Prüfstand, in: dies. (Hrsg.), Erinnerungsorte: Chancen, Grenzen und Perspektiven eines Erfolgskonzeptes in den Kulturwissenschaften, Essen 2014, S. 11–36.

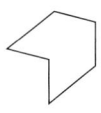

Joana Seiffert, M.A., M.Ed. ist Doktorandin am Institut für soziale Bewegungen der Ruhr-Universität Bochum und hat dort an der Realisierung eines Projektes zu den Erinnerungsorten des Ruhrgebiets mitgewirkt. Ihr Promotionsprojekt zur Erinnerungs- und Rezeptionsgeschichte des Ruhrkampfs und der Roten Ruhrarmee wird durch ein Stipendium der Gerda Henkel Stiftung gefördert.

Prof. Dr. Stefan Berger ist Inhaber des Lehrstuhls für Sozialgeschichte und soziale Bewegungen an der Ruhr-Universität Bochum sowie Direktor des Instituts für soziale Bewegungen. Zugleich ist er Vorsitzender des Vorstandes der Stiftung Bibliothek des Ruhrgebiets. Er forscht u.a. zu Erinnerungs- und Identitätskonzepten in der Geschichte des Ruhrgebiets.

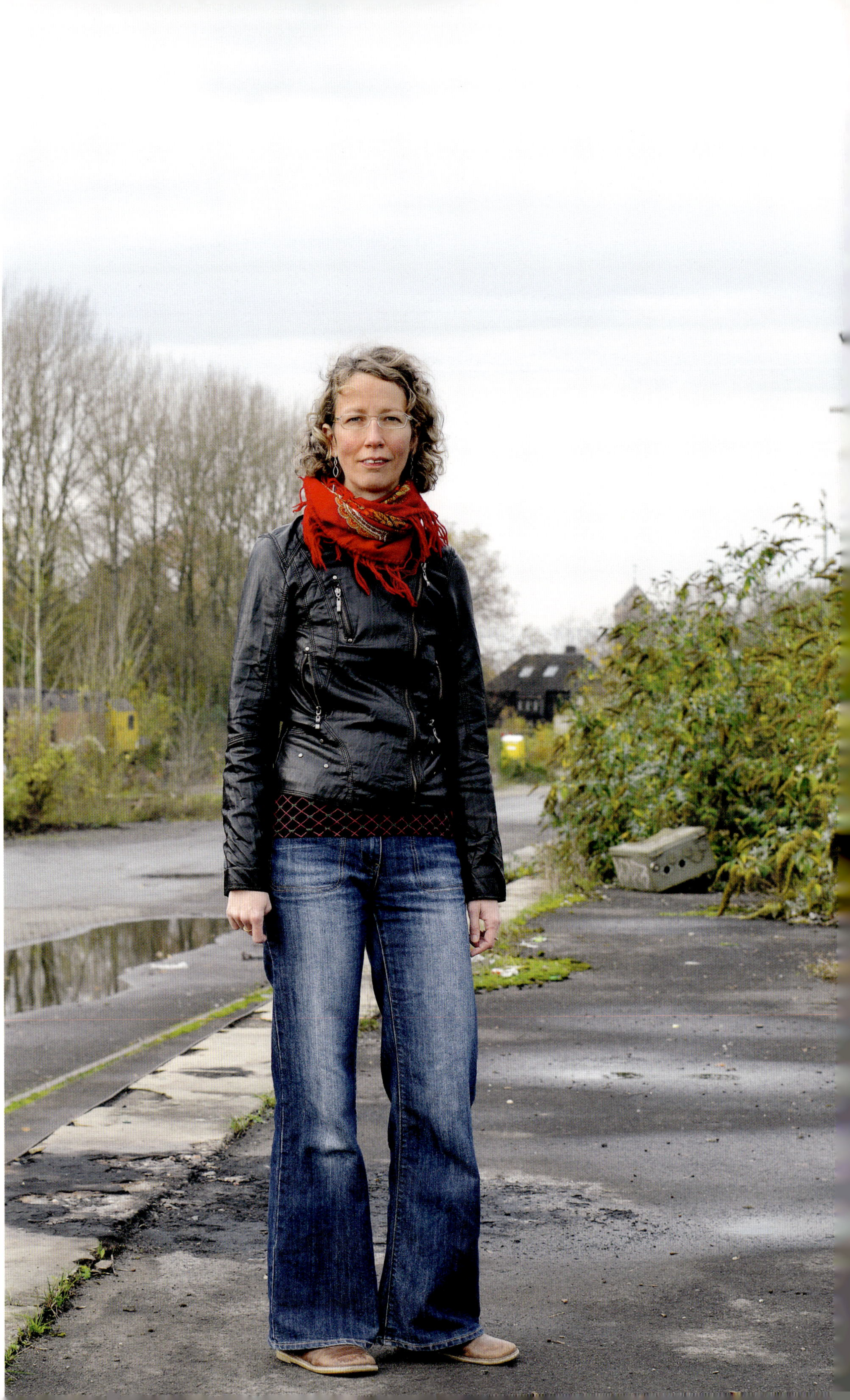

GEWINNER FOTOWETTBEWERB

Anja Tillmann

Güterbahnhof Langendreer, Bochum

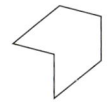

Anja Tillmann wurde 1972 in Soest geboren und lebt seit dem Studium, das 1993 begann, im Ruhrgebiet.

Der Bahnhof Langendreer wurde Ende des 19. Jahrhunderts insbesondere für die umliegenden Zechen errichtet und in der Folge kontinuierlich ausgebaut. Mit der Schließung der Zechen und des Opel-Werkes verlor er zunehmend an Bedeutung und Nutzen. Heute wird der alte Rangierbahnhof als Betriebs- und Übergabebahnhof genutzt.

„

Heimat bedeutet für mich, da zu sein, wo Menschen sind, die mir etwas bedeuten: Wenn ich durch die Straßen gehe und jemand grüßt mich. Oder ich treffe meine Nachbarn im Hausflur und wir plaudern ein bisschen. Oder die Bäckereiverkäuferin sagt zu mir: ‚Ach, Sie waren aber lange nicht mehr da.' Da hab ich dann ein Gefühl von: Hier bin ich richtig, hier gehöre ich hin.

Wenn ich im Ruhrgebiet mit der S-Bahn fahre, kommt es oft vor, dass ich andere Sprachen höre, dass ich ins Gespräch komme mit Leuten, die etwas ganz anderes tun als ich selbst und Dinge anders denken. Dadurch merke ich, dass das eigene Leben eben auch nur eine von vielen Arten ist zu leben.

Der Güterbahnhof ist jedes Mal anders, wenn ich hingehe. Ich kann nie sagen, was mir da passiert. Da wird auch noch gearbeitet, es werden Züge sauber gemacht, Schotter hingefahren. Im Herbst gibt es Brombeeren und im Sommer Kaulquappen. Mit den Jahreszeiten verändert er sich sehr. Und mit den Tageszeiten, in seiner Stimmung.

Ich wünsche mir, dass dieser Ort so lebendig bleibt, dass er nicht schön gemacht wird, sondern, dass er einfach so sein kann, wie er ist.

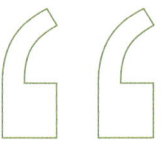

„

Güterbahnhof Langendreer, Bochum

Abends zur blauen Stunde ist er für mich am schönsten. Die untergehende Sonne zwischen den Oberleitungen, als Spiegelung in den Pfützen, zwischen den Laternenpfählen und Stahldrähten. Besonders im Sommer, nach heißen Tagen, wenn der Asphalt langsam die gespeicherte Wärme abgibt. Oder auch im Winter, wenn es gefroren hat: gesprungene Eisflächen, Raureif auf den Pflanzen, einfache Weite und klirrende Kälte.

Was an ihm passt, ist, dass er immer da ist – nur fünf Minuten zu Fuß von meiner Wohnung entfernt. Egal, wie es mir geht – ob gut oder schlecht, ob ich müde oder wach, traurig oder fröhlich bin. Er war schon vor mir da, existiert auch jetzt, während ich dies schreibe und wird, wenn nicht alles ganz grundlegend schief läuft, auch noch nach mir da sein. Auch wenn die Welt darum herum sich ändert.

Aber er ist auch immer anders – mal vollgestellt mit schweren Maschinen und Reparaturwaggons für Gleisarbeiten, mal mit einem riesigen Berg Schotter, mal mit einem Haufen abgebauter Eisenbahnschienen, Autos, die in einer Reihe parken, mal eine weite Fläche, von nichts unterbrochen. Auch im Detail sehr verschieden: die Bahnarbeiter, die die Nacht im Schlafwaggon verbringen müssen, der auf den Gleisen abgestellt ist, die Spaziergängerinnen und Spaziergänger mit einem Feierabendbier oder die, die hier – wie ich gerne – abends mit oder ohne Hund entlang schlendern und den Tag vergehen lassen.

Neulich etwas ganz Besonderes: in der großen Wasserlache Millionen kleiner Kaulquappen, die durcheinanderwirbeln. Ob sie es schaffen, dort groß zu werden? Ich schaue oft vorbei und denke schon, es kann gelingen – bis eine Planierraupe die Pfütze gnadenlos durchpflügt und dem Treiben ein Ende setzt. Der Fahrer macht gerade Pause und liest Zeitung in der Sonne, als ich das Unglück bemerke – für ihn ist nichts passiert. So ist das Leben auch manchmal.

Es gibt nicht die eine große, sensationelle Geschichte für mich mit diesem Ort – aber dafür viele kleine, alltägliche und auch besonders schöne: Spaziergänge mit Freundinnen und Freunden, eine Fotosession in Eiseskälte, der erste Gang um den Block, allein nach einer Woche mit Grippe im Bett, der Tag, als der Güterbahnhof zum Flohmarkt wird und ich meine schöne gelbe Jacke erstehe, die ich so gerne trage.

Solche Orte gibt es genügend für alle von uns im Ruhrgebiet – es benötigt nur etwas Zeit und einen Blick für die Schönheit des Alltäglichen, um sie zu finden. Sie erschließen sich erst auf den zweiten Blick, aber dann auch richtig. Sie liegen meistens um die Ecke, kosten keinen Eintritt, sind nicht berühmt und werden es auch nie werden. Neben Schönheit gibt es dort auch Müll, Unkraut und Dreck. Weil das eben auch ein Teil davon ist. Ich wünsche vielen Menschen einen solchen Ort – das gehört sich einfach so!

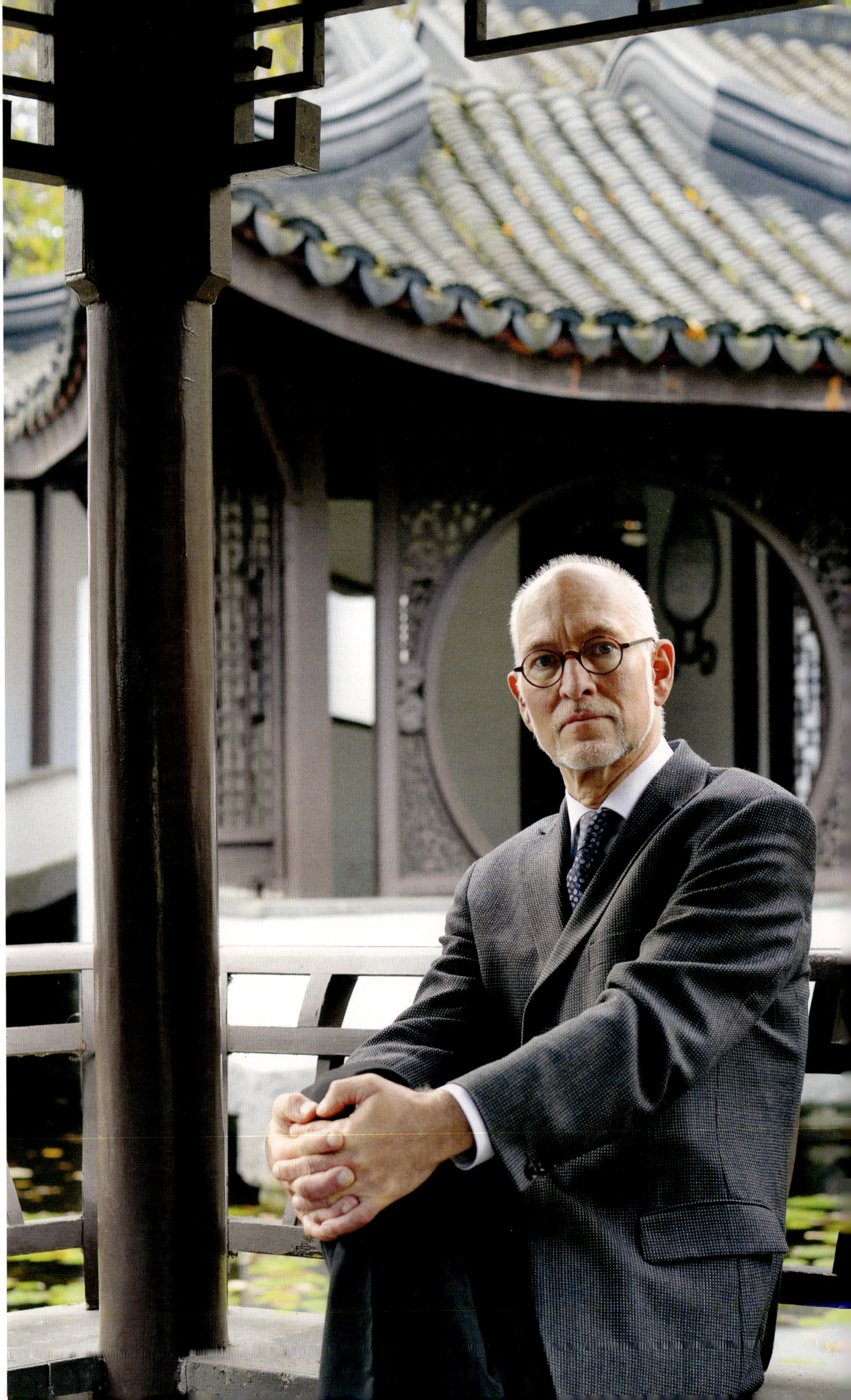

WISSENSCHAFTLER

Elmar Weiler

Botanischer Garten der Ruhr-Universität Bochum, Chinesischer Garten, Bochum

Prof. Dr. Dr. h.c. Elmar Weiler wurde 1949 in Bochum geboren und lebt seither mit Unterbrechungen im Ruhrgebiet. Er ist Professor für Pflanzenphysiologie und Rektor der Ruhr-Universität Bochum.

Fast unverhofft stößt der Besucher auf den Chinesischen Garten „Qian Yuan" inmitten des Botanischen Gartens der Ruhr-Universität Bochum. Eine chinesische Architektur mit Wandelgängen, Pavillons, Sitznischen und steinernen Schrifttafeln umgibt ein Idyll aus Wasser, Pflanzen und Steinen. Als Geschenk der Universität Shanghai lädt der Chinesische Garten seit 1990 Studierende, Wissenschaftler und Gäste zu gelehrten Gesprächen und meditativer Ruhe ein.

> Das Verschwinden emotional besetzter Orte reißt ein kleines Loch in die Seele.

> Das ist eine Macher-Region, die nicht abgehoben und elitär ist, sondern vielleicht eher hemdsärmelig, manchmal ein bisschen rau und ruppig, aber auf eine positiv charmante Art. Die Leute sagen, was sie denken, und ich finde, das ist besser, als wenn sie genau das Gegenteil tun.

> Das Ruhrgebiet muss lernen, seine zahlreichen Vorzüge selbstbewusst nach außen zu tragen. Man muss schlicht und ergreifend gucken, was man hat, und muss selbstbewusst dastehen und sagen: Wir machen das auf unsere Art und Weise.

Botanischer Garten der Ruhr-Universität Bochum, Chinesischer Garten, Bochum

Der Chinesische Garten ist ein Ort, wie man ihn an dieser Stelle nicht vermuten würde. Wenn man sich hier umtut, dann hat man nicht mehr das Gefühl, an einer Universität zu sein. Man muss versuchen, eine Universität auch immer mit vielen Besonderheiten zu versehen. Eine rein technokratische Universität, die nur Lehr- und Ausbildungsbetrieb ist, hätte keine Seele. Und solche Einrichtungen wie der Chinesische Garten machen die Seele einer Universität aus, auch wenn sie keine Drittmittel, Studierende und nur sehr wenige Publikationen bringen, um die sich ja heute alles dreht. Wenn man den Bogen sehr weit spannt, so könnte man sagen, dass dieser Garten die Unbefangenheit des Ruhrgebiets anderen Kulturen gegenüber widerspiegelt. Man tritt dem Anderen oder dem Fremden hier unbefangen gegenüber und grenzt sich nicht so ab. So wird auch dieser Garten nicht als etwas Fremdes wahrgenommen. Er ist von der Bevölkerung sofort angenommen worden. Der Botanische Garten insgesamt war innerhalb der Universität zunächst ein wissenschaftliches Projekt. Er ist aber sehr schnell zu einem Garten der Bevölkerung geworden. Ich gehe fast jede Woche mal ein Stündchen hierher. Und am Wochenende, wenn das Wetter schön ist, ist der Garten rappelvoll. Da sind dann nur zu einem geringen Anteil Studierende, sondern stattdessen Bürger, die kommen, Familien mit ihren Kindern. Und das ist für die Universität tatsächlich auch ein Stück Willkommenskultur. Denn vielleicht ist der Garten der Eintritt in die Universität für viele Bürger, die von einer anderen Seite nie kommen würden.

So ein Garten verändert sich natürlich. Und es gehört auch zum Wesen des Daoismus, dass man das Vergehen der Zeit erkennen muss. Der Garten altert architektonisch, er altert infrastrukturell und er altert durch Erinnerung. Und diese Erinnerung ist vielgestalt, zum Beispiel durch die vielen Veranstaltungen, die hier stattfinden. Es kommen Studierende zum Lernen, und zwischendurch gehe ich vorbei und schaue, was sie so tun. Ich führe auch meine Studierenden immer gerne mal durch den Garten und erläutere ihnen das Architekturprogramm und die Philosophie des Daoismus, die man da in gebauter Form erkennen kann. So blüht dieser Ort durch Erinnerung immer weiter auf. Wenn man so will, ist dieser Ort eine Art dritter Ort, der im positivsten Sinne ein „Un-Ort" ist. Er bildet den Kontrast zu vielen Stereotypen. Das Verschwinden emotional besetzter Orte reißt ein kleines Loch in die Seele. Das wäre hier genauso. Der Ort ist ja Teil des Botanischen Gartens, und ich als Botaniker bin hier emotional und auch wissenschaftlich zu Hause. In einem wissenschaftlichen Garten wie diesem ein solches Kunstwerk stehen zu haben, ist schon etwas ganz Besonderes. Ich wüsste nicht, dass es an einer anderen Universität in Deutschland etwas Ähnliches noch einmal gibt.

Wandel ist im Ruhrgebiet eigentlich etwas Positives. Doch es wird dem Ruhrgebiet immer unterstellt, dass man den Wandel nicht gestalten kann, dass man sich vielleicht in Larmoyanz ergibt, oder darüber jammert, wie schlecht es uns geht. Die Menschen selbst sind eigentlich ganz anders. Das ist eine Macher-Region, die nicht abgehoben und elitär ist, sondern vielleicht eher hemdsärmelig, manchmal ein bisschen rau und ruppig, aber auf eine positiv charmante Art. Die Leute sagen, was sie denken, und ich finde, das ist besser, als wenn sie genau das Gegenteil tun. Es sind ehrliche Leute. Aber die Außenwahrnehmung wird durch andere Bilder geprägt. Und das ist schwer zu ändern. Doch in den letzten Jahren hat sich etwas verändert. Ich habe das deutlich gemerkt, an dem Bild, das die Ruhr-Universität und die Hochschullandschaft der Region mittlerweile von sich zeichnen. Da sind die Zeiten der „Betonuni", der „grauen Maus", und wie das alles so heißt, vorbei. Die drei großen Universitäten im Ruhrgebiet, die seit sieben Jahren in der Universitätsallianz zusammenarbeiten, sind zahlenmäßig gleichauf mit den Wissenschaftsstandorten München oder Berlin. Das Ruhrgebiet insgesamt ist mit seinen zwanzig Hochschulen und den über 200.000 Studierenden eine der, wenn nicht die stärkste Wissenschaftsregion in ganz Europa. Und die Weiterentwicklung liegt darin, dass die Universitäten ganz massiv miteinander kooperieren müssen. Inzwischen wird über die Universität und die Region extrem positiv geschrieben. Das bedeutet, man kann, wenn man hart genug daran arbeitet, auch ein so verfestigtes Image beseitigen. Aber, so etwas braucht natürlich Jahrzehnte.

Natürlich assoziiert man mit dem Ruhrgebiet rauchende Schlote, alles was kracht und stinkt. Doch wenn hier an die Universität Gastwissenschaftler und Gastwissenschaftlerinnen kommen: die staunen. Die Realität, die sie erleben, hat nichts mit der Voreinstellung zu tun, mit der sie gekommen sind. Wenn sie dann, auch als Botschafter der Region, wieder gehen, sind sie außerordentlich positiv gestimmt: die ganze Kultur, das Miteinander, sie finden leicht Anschluss, das ist alles so unkompliziert. Das Ruhrgebiet muss lernen, seine zahlreichen Vorzüge selbstbewusst nach außen zu tragen. Man muss schlicht und ergreifend gucken, was man hat, und muss selbstbewusst dastehen und sagen: Wir machen das auf unsere Art und Weise.

Ulf Eysel

Kemnader See, Bochum

> Prof. Dr. Ulf Eysel wurde 1944 in Mühlhausen (Thüringen) geboren. Er lebt seit 1976 im Ruhrgebiet und ist seit 1987 Professor für Neurophysiologie an der Ruhr-Universität Bochum.

Die Ufer des Kemnader Sees verbinden Bochum, Hattingen und Witten miteinander. Seit 1979 wird die Ruhr hier gestaut. Entstanden ist ein Naherholungsgebiet, das mit Freizeitmöglichkeiten am und auf dem Wasser nicht nur am Wochenende zahlreiche Ruhrgebietsbürger anlockt.

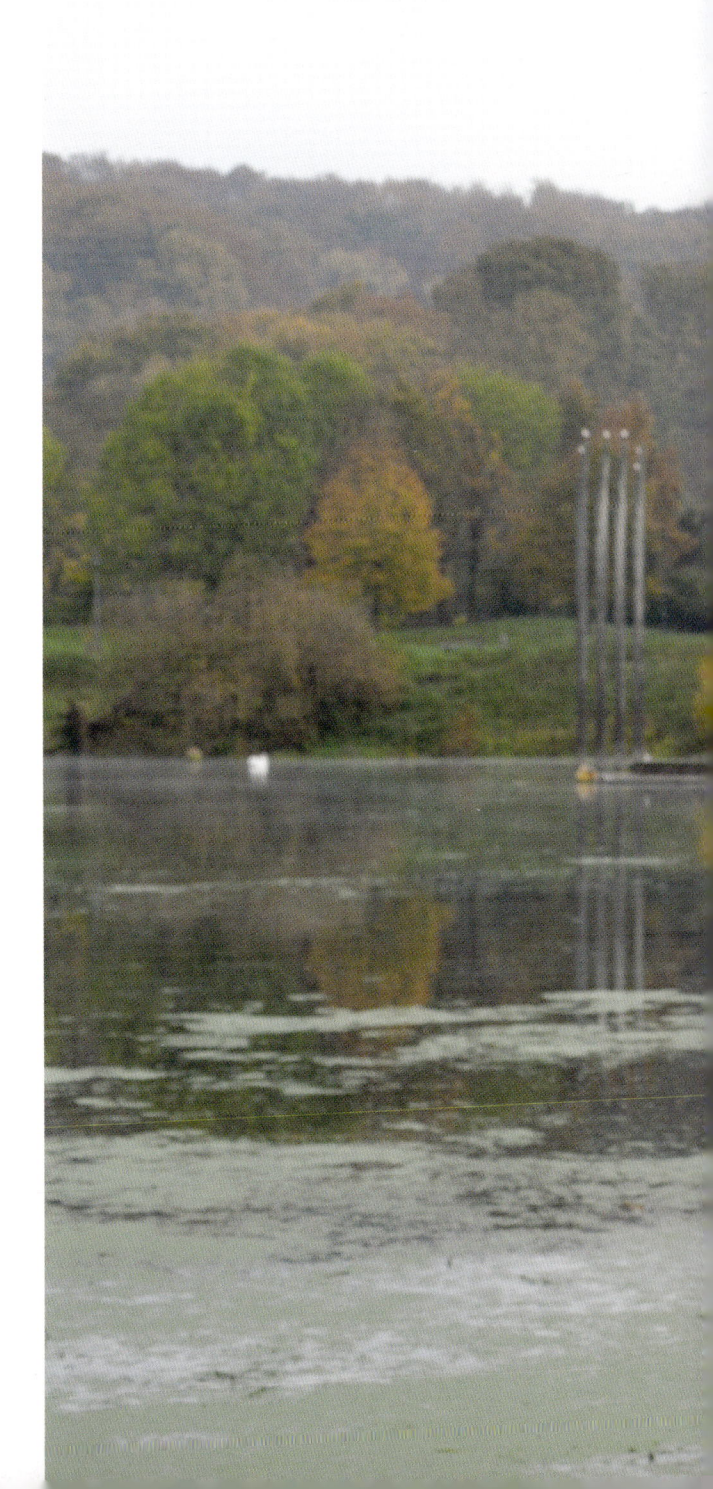

WISSENSCHAFTLER

> Gerade der Wandel im Ruhrgebiet von der Industriegesellschaft zur Wissensgesellschaft ist eine ganz große Chance.
>
> Und auf einer Halde trifft man dann einen Bergmann, der noch aktiv im Bergbau arbeitet. Dann ergibt sich ein Gespräch, er duzt mich, ich duze ihn. Und wir reden über das Leben in der Siedlung an der Halde und die Arbeit unter Tage. Unmittelbarkeit ist hier größer als anderswo.
>
> Wir können vielleicht ein Beispiel geben, bei dem man sehen kann, dass man mehr leisten und schaffen kann, wenn man die gemeinsamen Stärken zusammenführt, als wenn man mit Kirchturmdenken die Standorte trennt. Das ist nicht mehr nur Theorie, das wird im Ruhrgebiet jetzt wirklich als Stärke genutzt.

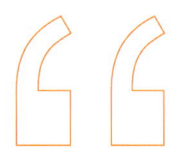

Kemnader See, Bochum

Der Kemnader See ist ja ein Kunst-See, die Ruhr wurde hier in den 1970er Jahren aufgestaut. Das war vorher ein schönes Naturbiotop, ist es aber auch geblieben. Wir haben immer noch viele Vogelarten hier. Es ist einfach ein schönes Stück Natur. Es ist auch eine wunderschöne Laufstrecke. Man kann diesen See hier auf verschiedenen Runden, zwischen acht und zwölf Kilometern Länge, umrunden: Er ist ein Trainingsgebiet für alle Läufer der Region, von den schnellsten bis zu den Spaßläufern. Ich bin in den ganzen Jahren, in denen ich hier bin, an diesem See gelaufen. Der hat sich natürlich auch verändert. Da kam jetzt eine einmalig schöne und gepflegte Skater-Bahn dazu, die nachts beleuchtet ist, und zwar bis spät in die Nacht, was für uns Läufer eine tolle Sache ist. Wenn man hier im Winter abends um acht oder neun Uhr hingeht, findet man keine Skater, aber die Läufer genießen die beleuchtete Runde.

An Wochenenden sieht man schon, wie voll es manchmal am See ist. Da bekommt man eine Idee davon, dass eine zu große Attraktivität einen Ort auch unattraktiv machen könnte. Aber es bewahrheitet sich, was sich an allen Stellen bewahrheitet, an denen zu viele Touristen oder Besucher sind: Sobald man mal zehn Minuten oder eine viertel Stunde in die eine oder andere Richtung von den Parkplätzen weggeht, dann wird es wieder ruhig und schön. Dieser Ort ist eines der Paradebeispiele dafür, was für eine tolle Natur nah an den Städten im Ruhrgebiet zu finden ist. Das gilt für alle Ruhrgebietsstädte. Die wenigsten wissen, wie schön es hier ist und welche Veränderungen dem vorausgegangen sind. Der Kemnader See ist ja nur ein ganz kleiner Ausschnitt von ganz naher Natur. Aber auch die Menschen machen das Leben im Ruhrgebiet ganz erheblich aus. Die Menschen hier achten aus meiner Sicht mehr darauf, wer jemand ist und nicht so sehr, was er ist. Man geht hier nicht von irgendwelchen Statussituationen aus. Ich gehe beispielsweise sehr gerne auf Halden spazieren. Und auf einer Halde trifft man dann einen Bergmann, der noch aktiv im Bergbau arbeitet. Dann ergibt sich ein Gespräch, er duzt mich, ich duze ihn. Und wir reden über das Leben in der Siedlung an der Halde und die Arbeit unter Tage. Unmittelbarkeit ist hier größer als anderswo.

Die Region, in der ich jetzt arbeite, hat mich also schon sehr geprägt. Ich bin ja bekennender, überzeugter Ruhrgebietsbürger. Von Anfang an habe ich versucht, den vielen Menschen, die das Ruhrgebiet nur vom Hörensagen oder aus Schreckgeschichten kannten, klarzumachen, wie lebenswert, schön, gut und vielfältig das hier ist. Geprägt hat mich natürlich auch, dass die Geschichte des Ruhrgebiets über die letzten Jahrzehnte geprägt war von diesem „Jetzt erst recht", wir zeigen euch mal, dass wir das doch können – wenn die Industrie wegbricht, dann machen wir eben etwas anderes. Das ist eine Region, in der man immer ein bisschen dazu aufgefordert war, etwas zu tun, aktiv zu sein, nicht einfach nur zu genießen, wie schön es hier ist. Man hat immer das Gefühl gehabt, man kann das Leben und die Entwicklung hier mitgestalten und muss das auch. Ich zeige immer mal wieder Bilder vom Ruhrgebiet, einfach, um das ein bisschen aufzubrechen. Ich habe auch ein schönes Dia für meine Vorträge, vor allen Dingen auch außerhalb Deutschlands: Da zeige ich so ein kleines schlagendes Herz. Auf der Folie ist es animiert, es schlägt dann, und das setze ich direkt neben das Ruhrgebiet. Und dann sage ich: „Da können Sie sehen, wo mein Herz schlägt."

Heimat ist für mich etwas unheimlich Vielschichtiges. Ich habe mich als junger Mensch und eigentlich bis heute immer als Europäer gesehen, da gehören wir hin. Die persönliche Heimat kann ja etwas ganz Unterschiedliches bedeuten. Da gibt es die landschaftliche Heimat, die viel damit zu tun hat, wo man aufgewachsen ist. Ich bin im Nordhessischen aufgewachsen und diese sanften Hügel, das ist so eine Landschaft, da fühle ich mich angesprochen und zu Hause – obwohl ich mittlerweile die See noch mehr liebe. Und dann gibt's natürlich eine musikalische Heimat. Es gibt eine intellektuelle Heimat, die ist sicherlich hier, an der Universität. Auch falls ich in meinem Berufsleben mal weniger aktiv und ortsgebunden werden sollte, werde ich das Ruhrgebiet mit Sicherheit nicht verlassen. Ich würde auf jeden Fall hier bleiben, weil ich mich sehr wohl fühle, hier viele Freunde habe. Ich gehe gerne ins Theater, in Konzerte, und ich hab hier ein kulturelles Umfeld in einem Radius von vielleicht dreißig Kilometern, in dem ich alles haben kann, und das nicht in schlechter Qualität. Wenn man sich darauf einlässt und sich damit auseinandersetzt, dann ist das Ruhrgebiet in Deutschland wirklich absolut einmalig, auch als Kulturregion.

Als ich 1976 aus Berlin kam, war das Ruhrgebiet für mich eigentlich die einzige Region, in die man von Berlin aus gehen konnte, wenn man das unter kulturellen Aspekten und vom Sozialgefüge her sah. Die Region war zu der Zeit am ehesten mit der Kulturszene und auch mit der sozialen Szene in Berlin zu vergleichen. Köln, Hamburg oder München wären da eher ein Schock gewesen.

Als ich hier hingekommen bin und eigentlich bis heute, war hier immer noch etwas von dem Gründer-Elan zu merken, von der Bereitschaft, etwas Neues zusammen zu machen. Die Gründung der Ruhr-Universität liegt ja jetzt gerade fünfzig Jahre zurück. Wenn ich bedenke, wie schwierig die Zusammenarbeit von Medizinern an anderen Universitäten war, wie die Zusammenarbeit mit Biologen und allen möglichen anderen Fachrichtungen erschwert wurde. Und wie selbstverständlich wir hier in Bochum von Anfang an als Biologen, Psychologen, Chemiker und Mediziner zusammengearbeitet und gemeinsame Forschungsprojekte und Forschungsstrukturen entwickelt haben. Diese Offenheit, auch über die Fächergrenzen etwas zusammen zu machen, war hier von Anfang an viel stärker ausgeprägt als an vielen älteren Universitäten. Das ist ein ganz wichtiger Punkt: An diesen jungen Universitäten kann man etwas mitgestalten und freut sich nicht nur an dem, was schon da ist.

Aus meiner Sicht ist gerade der Wandel im Ruhrgebiet von der Industriegesellschaft zur Wissensgesellschaft eine ganz große Chance. Es ist auch noch wirklich viel zu tun, da unsere großen, im Ruhrgebiet ansässigen Industriefirmen immer noch lieber mit Universitäten im süddeutschen Raum zusammenarbeiten und gar nicht genau wissen, was für starke Wissenschaftsstandorte hier in der Region sind. Gerade angesichts des Wandels im Ruhrgebiet, der jetzt mit dem Weggang von Opel aus Bochum besonders angetrieben wird, haben die Wissenschaft und die Universitäten hier eine sehr wichtige Funktion, glaube ich. Durch die Allianz der Universitäten entlang der Ruhr – Dortmund, Bochum und Duisburg-Essen – haben wir eigentlich ein Modell, mit dem wir der Region zeigen, wie man über die Grenzen hinweg zusammenarbeiten kann. Das schaffen die kommunalen Bereiche hier bisher immer noch nicht. Wir können vielleicht ein Beispiel geben, bei dem man sehen kann, dass man mehr leisten und schaffen kann, wenn man die gemeinsamen Stärken zusammenführt, als wenn man mit Kirchturmdenken die Standorte trennt. Das ist nicht mehr nur Theorie, das wird im Ruhrgebiet jetzt wirklich als Stärke genutzt.

Umfrage: Ruhrgebiet – Vom Kohlenpott zum Wissenschaftsstandort?

Robert Czudaj / Joscha Beckmann

Im Rahmen des Projekts „Ruhrgebiet: Identität im Wandel" wurde das Politik- und Sozialforschungsinstitut forsa beauftragt, unter den im Ruhrgebiet lebenden Menschen eine repräsentative Umfrage durchzuführen. Das Ziel der Untersuchung bestand darin, neben individuellen Perspektiven, die in dem gesamten Bildband zum Ausdruck kommen, ein allgemeines Stimmungsbild über die Wahrnehmung des Wandels des Ruhrgebiets zu erhalten. Darüber hinaus wurde erhoben, inwiefern das Ruhrgebiet von den dort lebenden Menschen als ein Wissenschaftsstandort wahrgenommen wird. Die konzipierten Fragen bezogen sich daher auf drei Bereiche: die Einschätzung der aktuellen Situation im Ruhrgebiet, die Wahrnehmung und Einschätzung von aktuellen und zukünftigen Veränderungen im Ruhrgebiet sowie Fragen zum Wissenschaftsstandort.

Zu diesem Zweck wurden insgesamt 1.004, nach einem systematischen Zufallsverfahren ausgewählte Personen ab 18 Jahren aus dem Ruhrgebiet befragt. Neben allgemeinen Informationen wie Alter, Geschlecht, Bildungsstand und Einkommen setzte sich die eigens für diese Umfrage konzipierte Erhebung aus Fragen zur Wahrnehmung des Ruhrgebiets und der Identifikationen der Menschen mit Orten des Ruhrgebiets zusammen. Ein zentraler Aspekt der Umfrage war die Wahrnehmung des Ruhrgebiets als Wissenschaftsstandort. Die Befragung wurde vom 20. Juni bis 7. Juli 2014 in Form von Telefoninterviews durchgeführt.

Folgende Erkenntnisse konnten gewonnen werden: Allgemein lässt sich sagen, dass die Umfrage eine breite Zufriedenheit und Identifikation mit dem Ruhrgebiet der im Ruhrgebiet lebenden Menschen offenlegt. 82% der Befragten gaben an, gerne im Ruhrgebiet zu leben. Dabei trifft dies auf 86% der Menschen zu, die von Geburt an im Ruhrgebiet leben, aber auch auf 76%, die vor mehr als 20 Jahren zugezogen sind und immerhin noch 69% derer, die in den letzten 20 Jahren zugezogen sind. Besonders hoch fällt die Zustimmung bei jüngeren Personen aus (87%). Festzuhalten ist allgemein, dass der Wert von 82% auch im Vergleich zu ähnlichen Umfragen vergleichsweise hoch ausfällt. Interessanterweise geben fast genauso viele Menschen an, sich mit dem Ruhrgebiet als Ganzes verbunden zu fühlen wie mit der Stadt, in der sie leben (siehe Abb. 1).

Abb. 1: Zugehörigkeit aller Befragten (in Prozent)

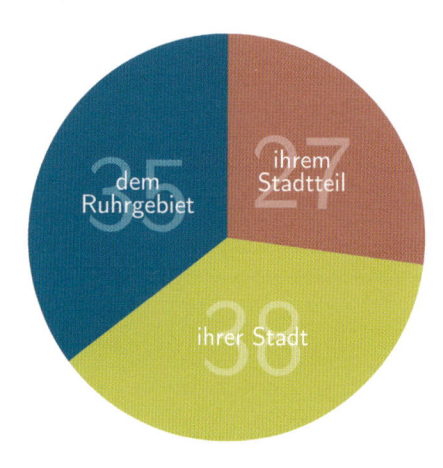

Der überwiegende Teil der befragten Personen (66 %) ist der Ansicht, dass sich das Ruhrgebiet in den letzten Jahren zum Vorteil entwickelt hat (siehe Abb. 2). Wie Abb. 3 zeigt, ist die positive Beurteilung der Entwicklung bei den älteren Menschen (von 45-59 Jahre, aber vor allem über 60 Jahre) und so bei denen, die die Entwicklung über einen längeren Zeitraum hinweg bewerten können, besonders stark ausgeprägt. Dies spiegelt sich ebenso in Abb. 4 wieder: Am positivsten wird die Entwicklung des Ruhrgebiets durch Menschen wahrgenommen, die entweder vor mehr als 20 Jahren in das Ruhrgebiet gezogen sind oder von Geburt an dort leben. Die Beurteilung der Entwicklung variiert jedoch hinsichtlich des Monatseinkommens der Befragten, wie Abb. 5 zeigt. Allerdings ist selbst in der untersten Einkommensklasse knapp die Hälfte der Interviewten der Meinung, dass sich das Ruhrgebiet zum Positiven verändert hat. Über die Hälfte aller Befragten (54%) ist der Auffassung, dass sich das Ruhgebiet auch in Zukunft positiv weiterentwickeln wird (siehe Abb. 6). Die häufigsten Nennungen in Bezug auf positive vergangene Veränderungen sind die Vergrößerung der Grünflächen sowie die Verbesserung der Umweltsituation (siehe Abb. 7). Diese Meinung wird ebenfalls in erster Linie durch die beiden oberen Altersklassen (45-59 Jahre und 60+) getragen. In Bezug auf Verschlechterungen erwähnen die Befragten vor allem die Verkehrssituation sowie die Lage am Arbeitsmarkt (siehe Abb. 8).

Abb. 2: Bewertung der Entwicklung des Ruhrgebiets (in Prozent)

Abb. 3: Bewertung der Entwicklung des Ruhrgebiets in den letzten Jahren nach Altersklassen (in Prozent)

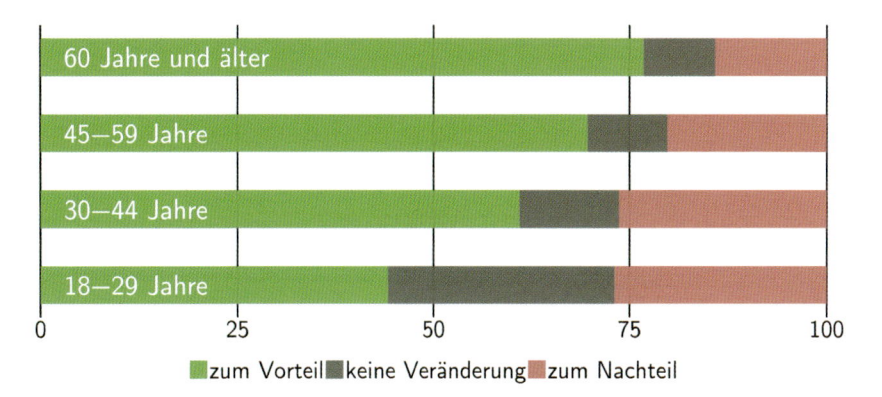

Abb. 4: Bewertung der Entwicklung des Ruhrgebiets in den letzten Jahren nach Zeitpunkt des Zuzugs (in Prozent)

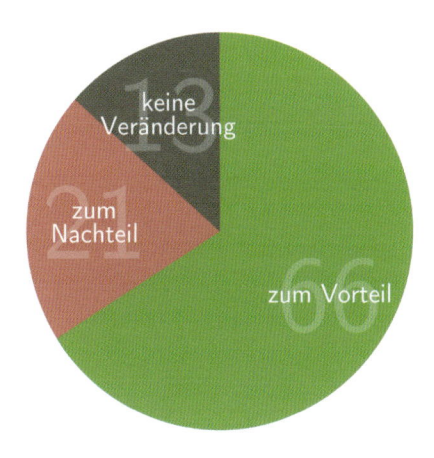

Abb. 6: Einschätzung der künftigen Entwicklung des Ruhrgebiets (in Prozent)

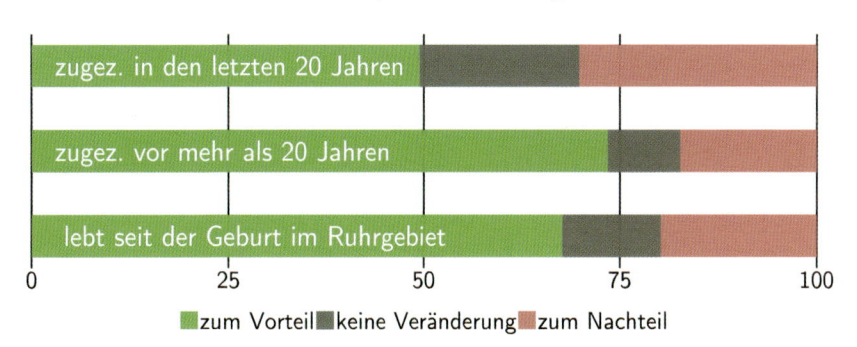

Abb. 5: Bewertung der Entwicklung des Ruhrgebiets in den letzten Jahren nach Haushaltsnettoeinkommen (in Prozent)

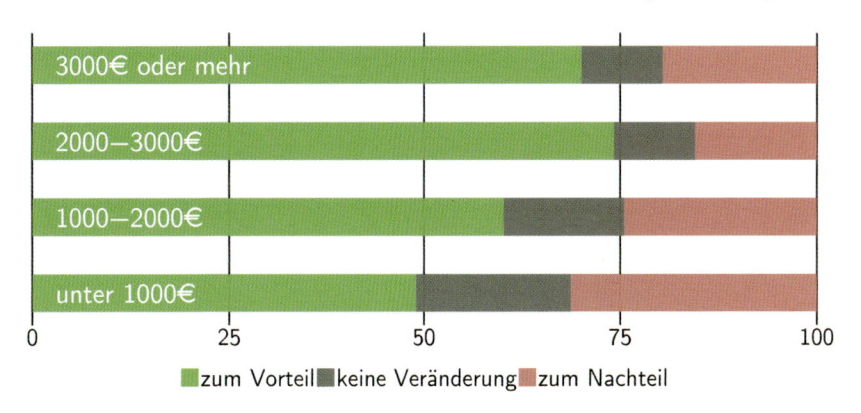

Abb. 7: Meinungen zu Verbesserungen im Ruhrgebiet nach Altersklassen, häufigste Nennungen (in Prozent)

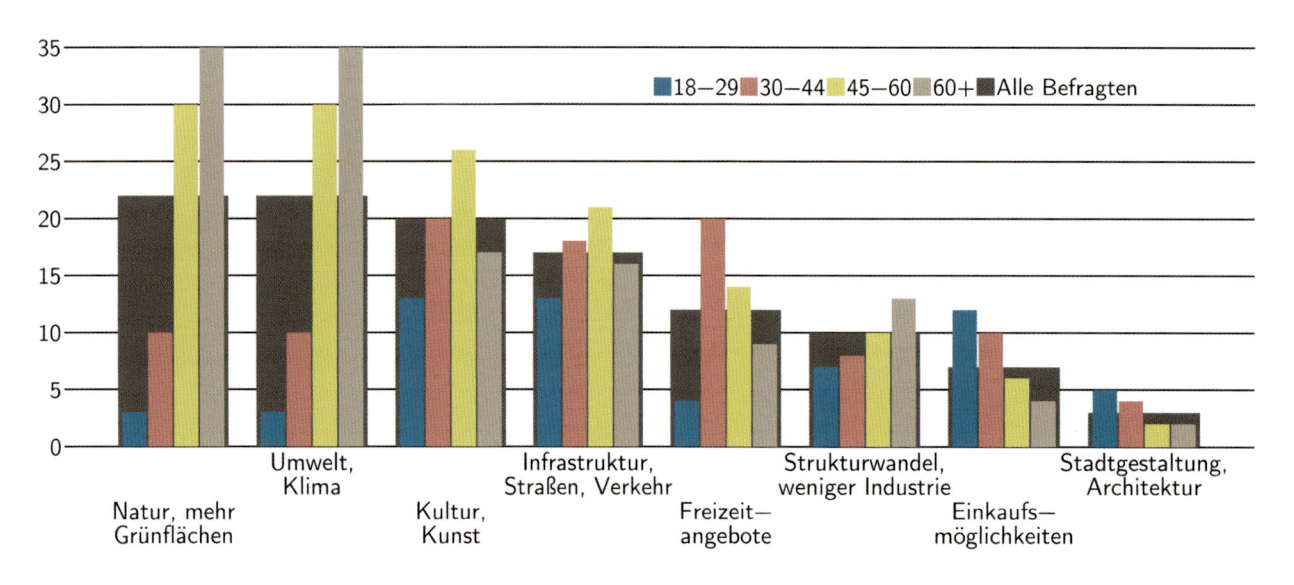

Abb. 8: Meinungen zu Verschlechterungen im Ruhrgebiet nach Altersklassen, häufigste Nennungen (in Prozent)

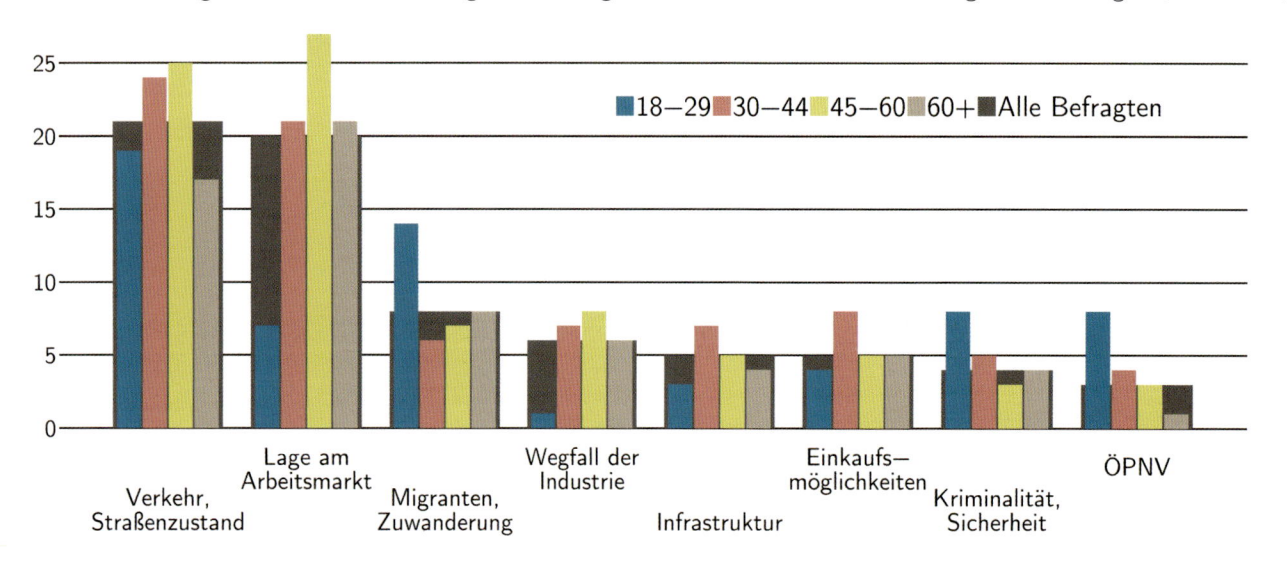

Mehr als die Hälfte der Interviewten (58%) ist gänzlich oder zumindest teilweise („voll und ganz" bzw. „eher") der Meinung, dass die Hochschulen das Erscheinungsbild des Ruhrgebiets prägen (siehe Abb. 9). Wie Abb. 10 zeigt, variiert die Meinung der Befragten hinsichtlich des Alters etwas, jedoch zeigt sich, dass vor allem die älteren Personen diese Ansicht teilen, was als Indikator für den Wandel des Ruhrgebiets von einer reinen Industriemetropole zu einem Hochschulsowie Wissenschaftsstandort verstanden werden kann. In Bezug darauf vertritt der überwiegende Teil der Befragten (71%) ganz oder teilweise die Auffassung, dass sich das Ruhrgebiet „vom Kohlenpott zum Wissenschaftsstandort" entwickelt hat (siehe Abb. 11). Diese Ansicht wird von allen Altersklassen geteilt, wie Abb. 12 nahe legt. Die Ergebnisse verdeutlichen, dass das Ruhrgebiet und seine wissenschaftlichen Institutionen von den dort lebenden Menschen insgesamt positiv wahrgenommen werden. Die Kontrollfrage, ob dem Ruhrgebiet in jüngster Zeit ein falsches Image aufgedrückt wird (z.B. durch die Ernennung von Essen zur Kulturhauptstadt 2010), wurde von dem überwiegenden Teil der Befragten (69%) verneint (siehe Abb. 13).

UMFRAGE FORSA

Abb. 9: Dass die Hochschulen das Erscheinungsbild des Ruhrgebiets prägen, trifft zu (in Prozent)

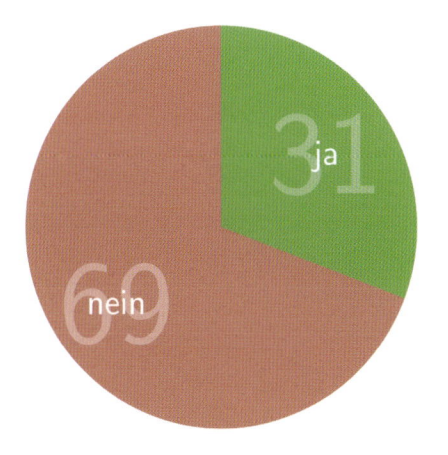

- voll und ganz: 24
- eher: 34
- eher nicht: 32
- überhaupt nicht: 10

Abb. 10: Dass die Hochschulen das Erscheinungsbild des Ruhrgebiets prägen, trifft zu (in Prozent)

(Balkendiagramm nach Altersklassen: 60 Jahre und älter, 45–59 Jahre, 30–44 Jahre, 18–29 Jahre)

■ voll und ganz ■ eher ■ eher nicht ■ überhaupt nicht

Abb. 11: Vom Kohlenpott zum Wissenschaftsstandort? (in Prozent)

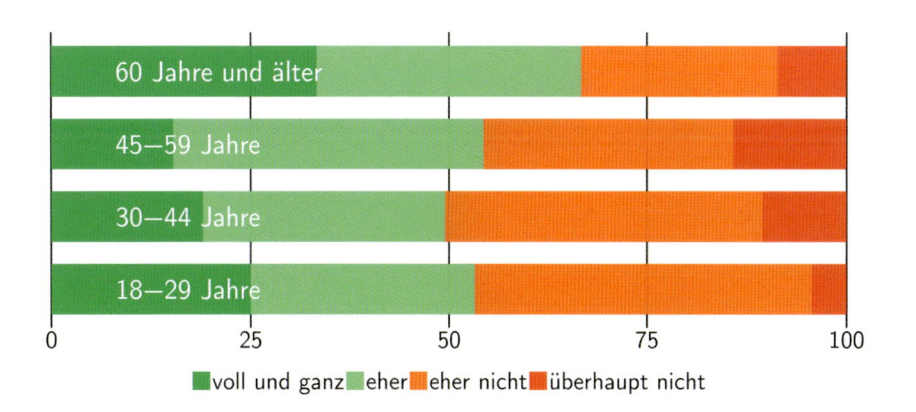

- voll und ganz: 19
- eher: 52
- eher nicht: 25
- überhaupt nicht: 4

Abb. 12: Vom Kohlenpott zum Wissenschaftsstandort? (nach Altersklassen in Prozent)

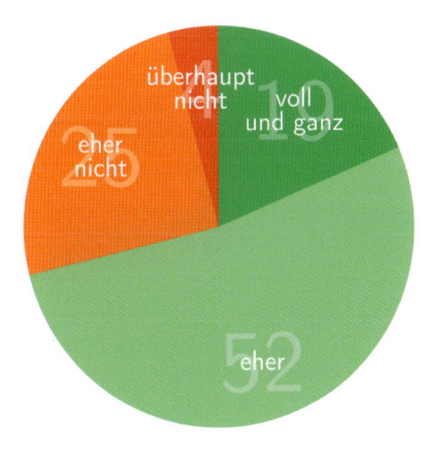

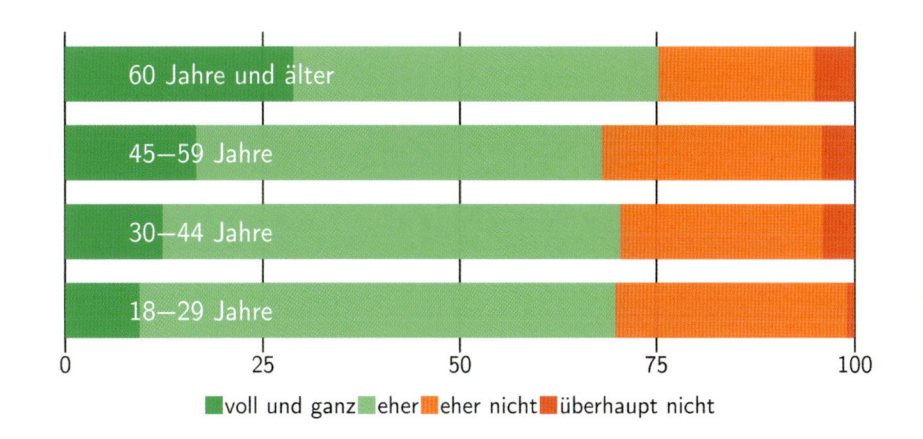

(Balkendiagramm nach Altersklassen: 60 Jahre und älter, 45–59 Jahre, 30–44 Jahre, 18–29 Jahre)

■ voll und ganz ■ eher ■ eher nicht ■ überhaupt nicht

Abb. 13: Wird dem Ruhrgebiet ein neues Image aufgedrückt, welches nicht von der Mehrheit der Menschen in der Region getragen wird?

- ja: 31
- nein: 69

Darüber hinaus ist folgender Aspekt, der sich im Rahmen der Umfrage ebenfalls herauskristallisiert hat, von besonderem Interesse: Wie in Abb. 14 dargestellt, geben 66% der Interviewten an, dass zusätzlich zur Verfügung stehende Landesmittel in Bildung und Forschung investiert werden sollten. Für die zusätzliche Investition in Bildung und Forschung lässt sich scheinbar ein breiter Konsens über unterschiedliche Bildungs- und Einkommensklassen hinweg finden (siehe Abb. 15 und 16). Dies ist insbesondere angesichts der vorangegangenen Einschätzung, dass sich die Verkehrssituation negativ entwickelt hat, ein interessantes Ergebnis, welches auf eine hohe Präferenz für Bildung und Forschung schließen lässt.

Zusammenfassend liefern die Ergebnisse auch einen interessanten Ausgangspunkt für zukünftige Forschung, die sich auf einen der drei Kernbereiche spezialisiert.

Literatur
RWI (2011): Den Wandel gestalten – Anreize für mehr Kooperationen im Ruhrgebiet. Projekt im Auftrag der RAG-Stiftung. Rheinisch-Westfälisches Institut für Wirtschaftsforschung, Essen.

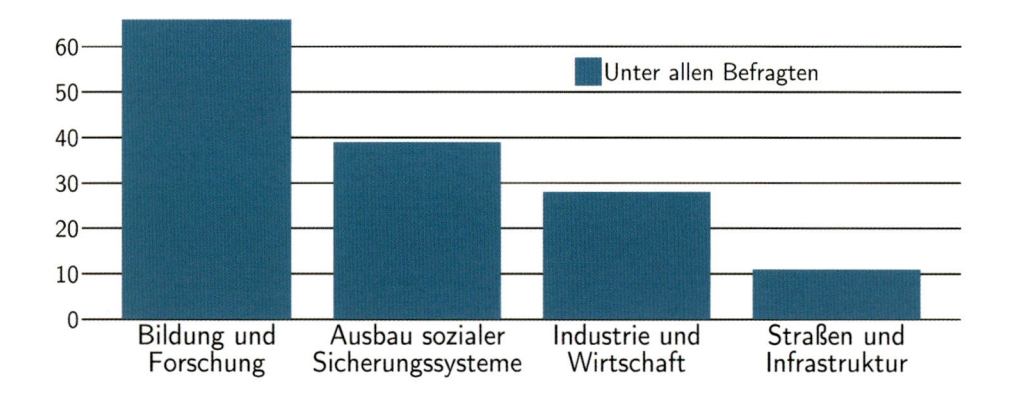

Abb. 14: Wofür sollte zusätzliches, vom Land NRW für das Ruhrgebiet zur Verfügung gestelltes Geld verwendet werden?

UMFRAGE FORSA

Abb. 15: Wofür sollte zusätzliches, vom Land NRW für das Ruhrgebiet zur Verfügung gestelltes Geld verwendet werden?

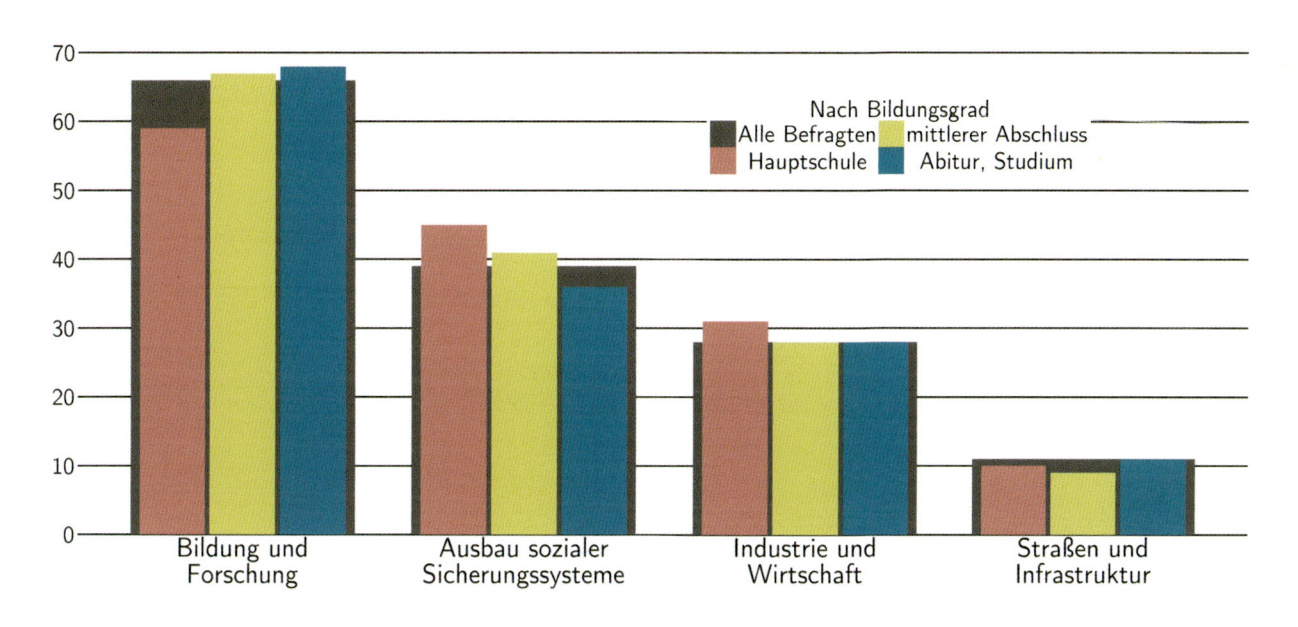

Nach Bildungsgrad
- Alle Befragten
- Hauptschule
- mittlerer Abschluss
- Abitur, Studium

Abb. 16: Wofür sollte zusätzliches, vom Land NRW für das Ruhrgebiet zur Verfügung gestelltes Geld verwendet werden?

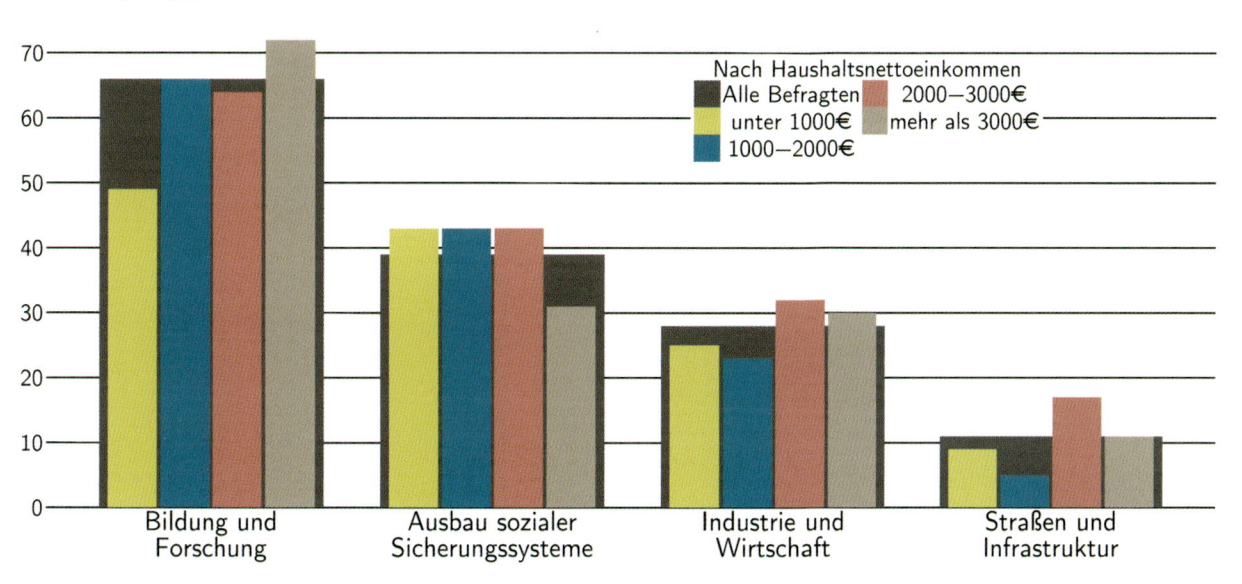

Nach Haushaltsnettoeinkommen
- Alle Befragten
- unter 1000€
- 1000–2000€
- 2000–3000€
- mehr als 3000€

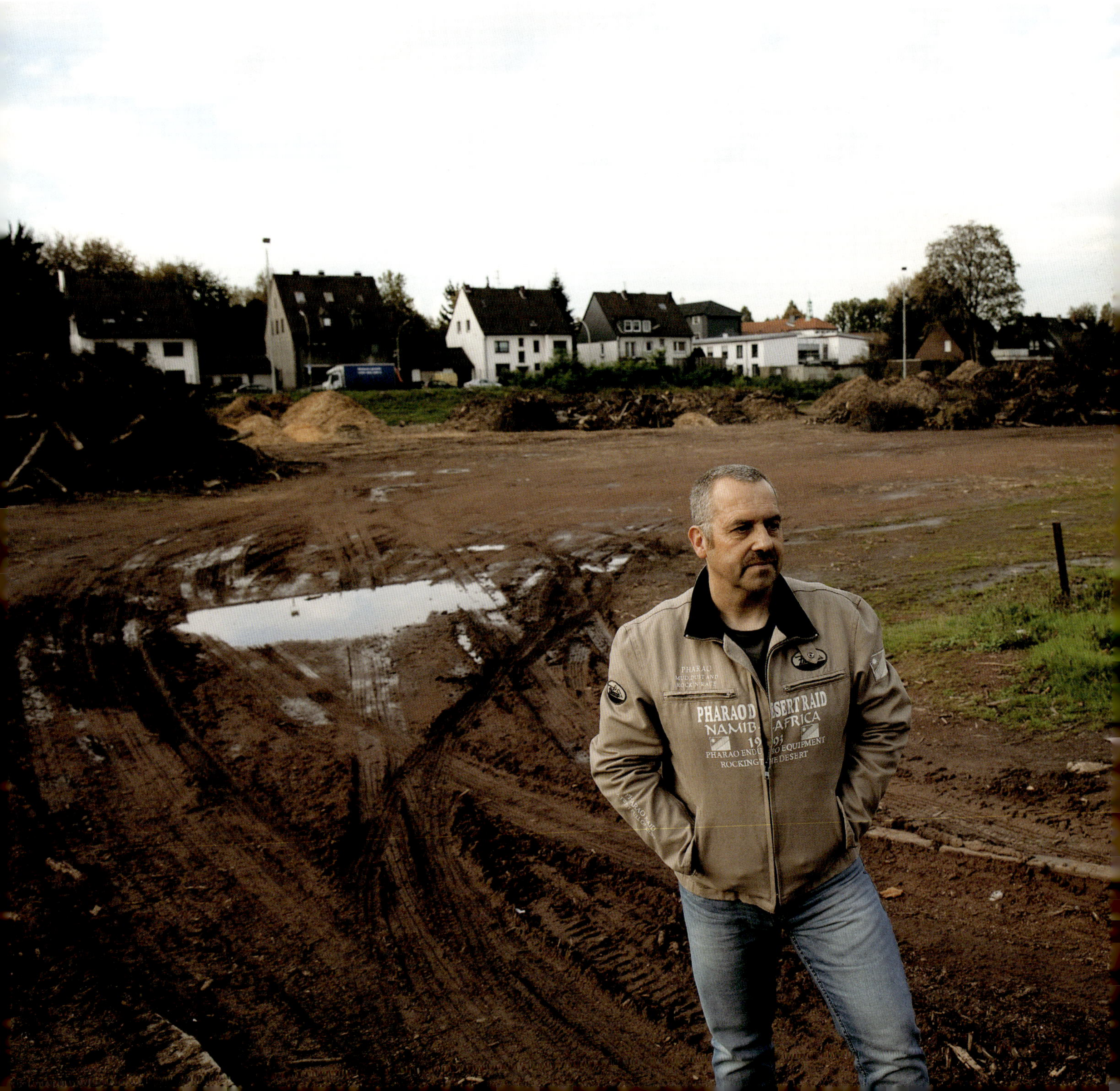

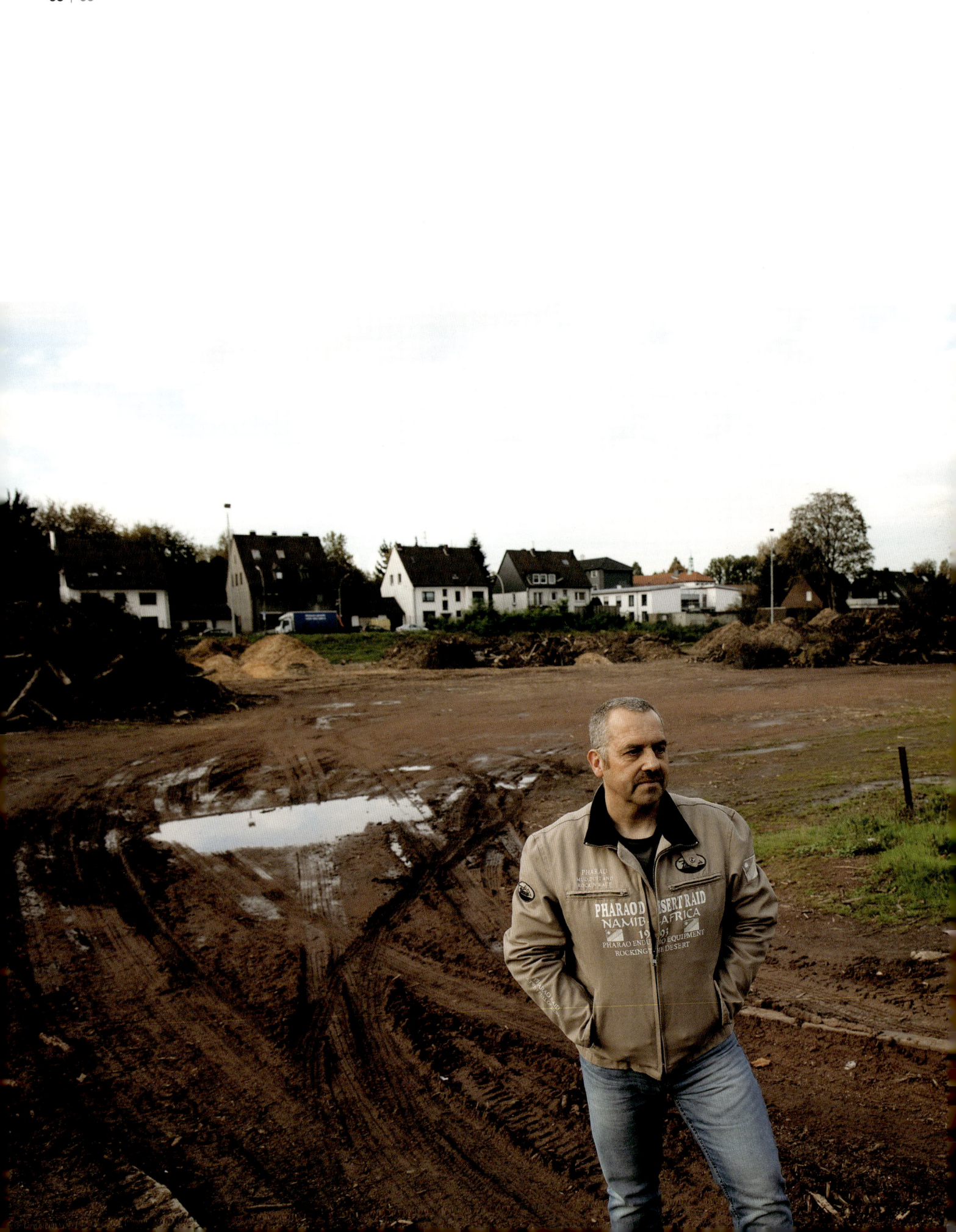

GEWINNER FOTOWETTBEWERB

Rüdiger Rohmann

Stadion „Beckmannshof", Wattenscheid

Rüdiger Rohmann wurde 1964 geboren und lebte zwischen 1964 und 1992 im Ruhrgebiet.

Das Stadion „Beckmannshof" in Wattenscheid, erbaut 1927 von Carl Beckmann, ist die ehemalige Heimspielstätte des SG Wattenscheid 09. Es war ursprünglich Teil einer großen Freizeit- und Sportanlage, die auch ein Freibad miteinschloss. 1966 erfolgte der Umzug des SG Wattenscheid 09 ins Lohrheidestadion; das Stadion „Beckmannshof" wurde zunächst weiter als Trainingsgelände genutzt. Im Juni 2014 wurde das Gelände durch das Pfingst-Unwetter stark beschädigt.

,,

Heimat ist für mich der Ort, an dem ich groß geworden bin, wo ich verwurzelt bin. Das ist für mich immer noch das Ruhrgebiet. Meine Wurzeln liegen hier, an diesem Ort – symbolisch auch auf diesem Platz.

Die Bäume, die jetzt hier liegen, bildeten eine riesige Hecke. Wenn man das Stadion betreten und hier trainiert hat, vor allem abends mit Flutlicht, dann war der Platz in sich geschlossen. Man war wie in einer anderen Welt – so habe ich das als „Pimpf" empfunden.

Dieser Ort ist jetzt eine Ruine, aber ich sehe ihn trotzdem noch so vor mir, wie er mal war. Jetzt sind die Bäume weg, die Landschaft hat sich total verändert: von einem geschlossenen, geschützten Raum in ein offenes, ungeschütztes Etwas.

Ich wünsche mir, dass dieser Ort mit seiner Geschichte ein bisschen gewürdigt wird. In dieser alten Spielstätte ist viel passiert: Fußball war und ist eine Herzensangelegenheit im Ruhrgebiet. Inzwischen ist er aber natürlich viel kommerzieller geworden.

,,

Stadion „Beckmannshof", Wattenscheid

Ich wurde 1964 in Wattenscheid geboren und habe dort bis Ende der 1980er Jahre gewohnt. Das alte Stadion „Beckmannshof" in Wattenscheid hat für mich eine besondere Bedeutung, da es einen großen Teil meiner Kindheit geprägt hat. Zum einen habe ich dort mit fünf Jahren angefangen, bei der SG Wattenscheid 09 Fußball zu spielen, zum anderen haben sich dort für mich eine Menge prägender Dinge abgespielt. So durfte ich damals als Fünfjähriger und jüngstes Mitglied des Vereins zwar an den Wochentagen mittrainieren, aber nicht an den Spielen am Wochenende teilnehmen, da ich noch zu klein war. Die „Minikicker" gab es damals noch nicht. So musste mir in einem meiner ersten Spiele der Schiedsrichter die Schuhe zumachen, da ich selbst noch keine Schleife binden konnte. Allerdings bedeutete es auch den Beginn meiner kindlichen Selbstständigkeit, auf die ich als „Pimpf" sehr stolz war. Dies sind aber nur kleine Anekdoten. Für mich stellt dieser Ort eine besondere Art einer unbeschwerten Freiheit, aber auch einer besonderen Geborgenheit dar, die ich damals noch innerhalb meiner Familie, im Sportverein und bei meinen Freunden der damaligen Schulzeit genießen konnte. Dies zog sich über mehrere Jahre hin, bis aufgrund der üblichen Veränderungen in Familie, Verein und Schule die „Unbeschwertheit" durch „Verpflichtung" abgelöst wurde.

Als meine Frau mich fragte, ob es für mich im Ruhrgebiet besondere Orte meines Lebens gäbe, fiel mir spontan dieses alte Stadion ein. So wuchs in mir die Idee, diesen Ort, den ich immer als besondere Erinnerung in mir getragen habe, nach über 30 Jahren nochmals zu besuchen und ihn zu fotografieren. Leider musste ich feststellen, dass wir nach all den Jahren und letztlich aufgrund des Pfingstunwetters dieses Jahres nur noch eine „Platzruine" vorfanden. Die erste Enttäuschung war sehr groß, fast schon schmerzlich. Je mehr Zeit ich jedoch auf der Platzanlage verbracht habe, desto mehr konnte ich wieder diese besonderen Erlebnisse und die Vertrautheit spüren, die dieser Ort für mich hat, auch wenn er optisch nicht mehr derselbe ist. Selbst Dinge, an die ich mich bis dahin nicht mehr erinnern konnte, wurden für mich wieder lebendig. Für mich lebte das alte Stadion „Beckmannshof" bisher immer nur in meiner Erinnerung, da bei einem Umzug leider alle Fotodokumente aus den beginnenden 1970er Jahren verloren gingen. Aber die schönen und prägenden Erlebnisse dort sind nie verloren gegangen, so dass er mich immer weiter begleitet hat, ohne dass ich ihn aufsuchen musste.

Kreativ.Quartier, Herten Süd

Claudia Heinrichs

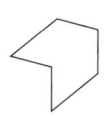

> Claudia Heinrichs wurde 1955 in Bochum geboren und lebt bis heute im Ruhrgebiet.

Der Hertener Süden rund um die Ewaldstraße galt in der Zeit nach der Schließung der Zechen eher als triste Gegend. Im Rahmen eines Stadtumbauprojektes, und von mehreren Seiten getragen, entstand in den letzten Jahren das KREATIV.QUARTIER HERTEN-SÜD, in dem sich insbesondere kleine, inhabergeführte Läden und Ateliers angesiedelt haben.

GEWINNER FOTOWETTBEWERB

„

Der typische Ruhrgebietler ist direkt und offen. Das mag ich, und das Bunte – die Vielfalt der Menschen.

Multikulti, Zechensterben: Wir haben ja hier auf kleinstem Ort eigentlich ein Spiegelbild des ganzen Ruhrgebietes.

Man hat selten eine Stadt, die von so viel Grün umgeben ist.

Beim Süder Advent kümmern sich die Evangelische Kirche, die Katholische Kirche, die Moschee und die griechische Kirche zusammen um die Vorbereitung. Die kennen sich alle irgendwie und mögen sich, glaube ich, sogar.

Wenn sich das Ruhrgebiet mal zusammentut und das Kirchturmdenken ein bisschen aufgibt und da eine Metropole draus machte – wir wären unschlagbar in Europa.

In der Stadtentwicklung sagt man immer, Entwicklungsprozesse dauern fünfzehn bis zwanzig Jahre. Wenn das hier mal richtig fertig ist – das werde ich wahrscheinlich nicht mehr erleben.

Das Spannende und das Schöne daran ist, dass so völlig unterschiedliche Altersgruppen, Gesellschaftsschichten und Herkunftsorte vertreten sind. Und die mögen sich nicht immer unbedingt alle, aber irgendwie kommt man miteinander aus. Der Kurde schimpft über den Griechen und der Grieche über den Polen – aber dann stehen sie wieder zusammen da und trinken Kaffee.

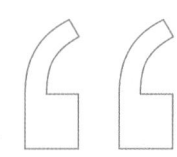

"

Kreativ.Quartier, Herten Süd

Wenn du auf dem Weg von A nach B durch meinen Ort fährst, der sich an einer Einfallstraße eines kleinen Ruhrgebietsstädtchens entlangzieht, wird dir vielleicht nichts Besonderes auffallen. Jede Stadt im Ruhrgebiet hat solche Straßen mit viel Verkehr und mal älterer, mal weniger alter Bebauung mit ein paar Läden im Erdgeschoss. Wenn du vor ein paar Jahren an meinem Ort warst, fällt dir vielleicht doch etwas auf. Die Straße ist saniert, viele Häuserfronten leuchten in bunten Farben. Und es steht nicht mehr jedes zweite Ladenlokal leer. Adieu Tristesse.

Schau bitte auf deinem Weg etwas genauer hin. Hast du Zeit, dann halte an und entdecke meine Welt. Fast dreißig Jahre lang war ich bereits als Stadtplanerin für die Kommune tätig. Eine der vielen Schreibtischtäterinnen, die studierten, wie andere zu wohnen haben, und ich konnte mir nicht vorstellen, selbst hier zu leben. Lieber bin ich jeden Tag zur Arbeit gefahren und habe danach die Stadt auf kürzestem Weg wieder verlassen. Bis ich die Möglichkeit bekam, in einem der damals leerstehenden Läden gemeinsam mit großartigen Kollegen ein Stadtteilbüro zu führen. Im Austausch mit den Bürgern planten wir einen lebenswerten Ort aus dem Stadtteil, um den andere lieber einen Zaun setzen wollten, weil hier Hassan und Mohammed neben Norman und Georgios wohnten und die Freizeitbeschäftigung aus Zocken in Spielhallen und Mietnomadentum zu bestehen schien.

Mit 55 Jahren verließ ich meine Heimatstadt, um Teil dieses lebendigen Stückes Ruhrgebiet zu werden, und ich habe es keine Minute bereut. Ein Hauch Pioniergeist, den niemand so recht verstehen wollte. Um uns herum leben diejenigen, die hier groß geworden sind, und die, die wir ansiedeln konnten. Mein Projektbüro habe ich nicht mehr, ich sitze wieder im Rathaus, und in meinem Quartier bin ich eine von vielen, Teil einer bunten Gemeinschaft. Und Streetworkerin in Sachen Weiterentwicklung unseres KREATIV.QUARTIER HERTEN-SÜD. Das ist nun meine Wahlheimat, die ich nicht mehr missen möchte. Denn der schönste Ort ist nichts ohne eine Seele, ohne die passenden Menschen dazu.

Da ist zum Beispiel Punky, der Trash-Künstler, chaotisch, wie es nur Künstler sein können, aber der Kümmerer des Quartiers. Fahre ich in den Urlaub, hütet er meine Katzen, braucht Andrea einen Haushaltsauflöser, ist er zur Stelle, vergisst Sabine ihre Blumen abends vor dem Geschäft, wer nimmt sie in seine Obhut? Gemeinsam mit Frauke beschert er uns einmal monatlich einen Abendmarkt – der Treffpunkt zum Sehen, Genießen und Shoppen. Und Sabine, die von hier aus das Ruhrgebiet mit Erdbeermarmelade und mehr erobert. Bei ihr treffen sich Unternehmerinnen von überall, um sich auszutauschen, und vielleicht finden wir für die eine oder andere dieser taffen Frauen auch hier einen Standort für ihren besonderen Laden. Hier trifft man sich zum Stricken oder auch, um Probleme zu besprechen. Da ist Nicole mit ihrem „Mobilen Nähkästchen", die mir zur Geburt meines ersten Enkels gleich drei Strampler entworfen und genäht hat. Da sind Denis aus Togo, der den großen und kleinen Kindern Trommeln, Tanz und Akrobatik näher bringt, Daniel, der Waldritter, der in der Ludothek mit dem Bürgermeister und kleinen bosnischen Straßenkindern Doppelkopf oder „Schnapp dich" spielt, Andrea, die sich um die Schönheit der Damen kümmert, Christiane, die uns mit gestyltem Perlenschmuck versorgt, Paul, der Kunststudent, unser „lebendes Kunstwerk" und Tommek aus Polen, der die besten Tattoos im Umkreis sticht. Freia, die Theaterpädagogin, die gemeinsam mit Christian Stratmann vom Revuepalast, dem Banker Bernhard und mir in dem Verein KNH die Geschicke des KREATIV.QUARTIERS lenkt. Und last but not least als immer gerne gesehener Gast Siggi, der Projektentwickler, dem wir Esel- und Lamaführungen auf der Halde zu verdanken haben und der den Katzenkönig als Event in unseren vernachlässigten Volkspark Katzenbusch gebracht hat und unser Quartier mit den vielen anderen im Ruhrgebiet vernetzt.

Ich esse die Currywurst von Alois, den Döner von Hassan oder gehe zum Griechen um die Ecke. Der Pfarrer Andreas kocht für Obdachlose, der Oberpolizist Andreas bringt Kulturen und Generationen in Veranstaltungen oder beim Kicken auf dem Marktplatz zusammen. Ich rege mich über meine asiatischen Nachbarn auf, die jede Nacht lautstark ihren Imbiss schließen, die Sinti von gegenüber verstehen die Mülltrennung nicht, das russische Wettbüro ein paar Häuser weiter kooperiert mit der kurdischen Teestube gegenüber, wenn es darum geht, abends mobile Damen des ältesten Gewerbes zu bestellen. Der griechische Hauseigentümer kontrolliert genau wie sein deutscher Nachbar unsere Mülltonnen. Der Seniorversicherungsmann erzählt jedem, ob man es hören will oder nicht, dass früher alles besser war, als nicht so viele Migranten hier waren und statt merkwürdiger Ateliers noch ein Bäcker und ein Metzger vor Ort waren. Aber seinen Fernseher kauft er auch beim Libanesen nebenan. Ich brauche keine „Lindenstraße", ich wohne in der Ewaldstraße. Und abends treffen wir uns um den Quartiersgrill und schimpfen und lachen. Sarah, die Studentin, die sich jetzt hier ansiedeln will, nennt es Community – meine Generation spricht von guter Nachbarschaft. Ich lebe in einem kleinen Stück Europa. Bin angekommen.

Ulrich Radtke

Dach der Universität Duisburg-Essen, Essen

Prof. Dr. Ulrich Radtke wurde 1955 in Werther (Westfalen) geboren und arbeitet seit 2008 im Ruhrgebiet. Er ist Geograph und Rektor der Universität Duisburg-Essen.

Das Gebäude T01 auf dem Essener Campus der Universität Duisburg-Essen stammt aus dem Jahr 1976 und erhielt 2013 eine neue Farbgestaltung. An seiner Ostseite befindet sich ein Turm, der die anderen Gebäude am Campus deutlich überragt. In diesem Turm befindet sich das Essener Büro des Rektors. Von dort und noch besser vom darüber liegenden Dach kann man das Universitätsgelände sowie Teile der Stadt Essen und des umliegenden Ruhrgebiets überblicken.

WISSENSCHAFTLER

Dach der Universität Duisburg-Essen, Essen

Der Stammbaum, der im Haus meiner Eltern hängt, reicht bis 1560 zurück und ist im Riesengebirge angesiedelt. Das ist Heimat. Das ist ein Teil meiner Identität. Meine Eltern kommen aus Pommern und aus dem Riesengebirge und haben sich dann nach dem Krieg auf der Flucht in Werther in Westfalen getroffen, also ich bin gebürtiger Ostwestfale. Auch die westfälische Welt ist mir Heimat geworden, weil ich da mit Freunden groß geworden bin. Ich habe in vielen Regionen der Erde gearbeitet. Durch die Kontakte zu Menschen haben sich an verschiedenen Orten Teilheimaten entwickelt. Heimat ist also ein sehr zusammengesetztes Bild. Dort, wo man Freunde oder Familie hat, ist auch immer wieder Heimat.

Bevor ich 2008 als Rektor an die Universität Duisburg-Essen gekommen bin, war ich mehrere Jahre Dekan an der Universität Köln, aber ich hatte nicht den Wunsch, an meiner „eigenen" Universität Rektor zu werden. Mich hat besonders gereizt, einen unabhängigen Blick auf die Einrichtung zu haben, der ich vorstehe. Im Nachhinein habe ich gemerkt, dass das Vor- und Nachteile hat, denn es ist u.a. sehr zeitaufwändig, eine so große Universität mit ihren Standorten in zwei Städten kennen zu lernen. Aber andererseits ist es sehr hilfreich, Abstand zu haben und von außen auf die Dinge zu blicken. Für mich war es auf jeden Fall die richtige Entscheidung.

Hier im Ruhrgebiet gibt es eine sachliche Offenheit, mit der man gut umgehen kann, ein klares Miteinander. Das hat man so nicht in allen Regionen in Deutschland. Diese unprätentiöse Art des Umgangs finde ich sehr angenehm, damit komme ich sehr gut klar. Ich denke, es liegt daran, dass viele ihre Wurzeln woanders hatten und sich dessen auch noch bewusst sind.

Als Rektor einer Universität aus dem Ruhrgebiet muss ich oft daran arbeiten, unsere Region auf der mentalen Karte der Wissenschaftslandschaft in Deutschland noch präsenter zu machen. Diese mentale Karte ist bei jedem stark von der eigenen Biographie geprägt. Viele Kolleginnen und Kollegen und heutige Verantwortungsträger haben in einer Zeit studiert, als es unsere Universität noch gar nicht gab. Da bedarf es schon einiges an Überzeugungsarbeit, um Menschen außerhalb des Ruhrgebiets zu erklären, dass hier in Duisburg-Essen mittlerweile eine starke Forschungsuniversität entstanden ist, die sich in ihren Leistungsparametern nicht von anderen Universitäten vergleichbarer Größe unterscheidet.

Heimat ist für mich ein sehr zusammengesetztes Bild: Ich habe in vielen Regionen der Erde gearbeitet. Durch die Kontakte zu Menschen haben sich an verschiedenen Orten Teilheimaten entwickelt. Dort, wo man Freunde oder Familie hat, ist auch immer wieder Heimat.

Hier im Ruhrgebiet gibt es eine sachliche Offenheit, mit der man gut umgehen kann, ein klares Miteinander. Das hat man so nicht in allen Regionen in Deutschland.

Als die heutigen Verantwortungsträger studiert haben, sind die ersten Universitäten im Ruhrgebiet gerade gegründet worden. Da bedarf es schon einiges an Überzeugungsarbeit, um Menschen außerhalb des Ruhrgebiets zu erklären, dass hier in Duisburg-Essen mittlerweile eine starke Forschungsuniversität entstanden ist.

Die Chancen für die Wissenschaft im Ruhrgebiet sind gut, wenn es uns gelingt, unsere Potenziale zu bündeln. Als Forschungs- und als Lehrraum kann man noch mehr aus dem Ruhrgebiet machen. Das müssen wir auch, das ist meine feste Überzeugung.

Ich sage immer, Traditionen sind schön, aber wir als junge Universität machen uns unsere Traditionen selber.

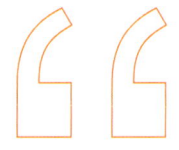

Die Chancen für die Wissenschaft im Ruhrgebiet sind gut, wenn es uns gelingt, unsere Potenziale zu bündeln. Als Forschungs- und als Lehrraum kann man noch mehr aus dem Ruhrgebiet machen. Das müssen wir auch, das ist meine feste Überzeugung. Nicht nur in den experimentellen Fächern braucht man für manche Projekte sog. „kritische Massen" durch kooperierende benachbarte Institutionen, um Synergien zu entwickeln, sei es in Bezug auf die Zahl der beteiligten Wissenschaftlerinnen und Wissenschaftler oder die zur Verfügung stehende Forschungsinfrastruktur. Durch die hohe Dichte von Hochschulen und Forschungseinrichtungen in unserer Region haben wir einen Vorteil, wir müssen ihn nur nutzen. Nachdem wir die Zusammenarbeit mit den beiden anderen Ruhrgebietsuniversitäten in Bochum und Dortmund im Rahmen der Universitätsallianz Ruhr einige Jahre geübt haben, muss sie sich jetzt in sehr konkreten institutionalisierten Kooperationen noch stärker manifestieren. Das sehe ich schon als Aufgabe und als Ziel gerade vor dem Hintergrund, dass die nächste Runde der Exzellenzinitiative kommt.

Für die Zukunft wünsche ich der Universität ausreichend Zeit, in dem Differenzierungsprozess und dem damit verbundenen Wettbewerb, der zurzeit im deutschen Hochschulsystem abläuft, die Chancen und Entwicklungspotenziale, die uns die Fusion gegeben hat, auch zu nutzen und die Position, die wir uns jetzt erarbeitet haben, zu verteidigen und auszubauen. Dieser Prozess der Differenzierung bezweckt eine Vertikalisierung der Wissenschaftslandschaft mit wenigen, international sichtbaren Forschungsuniversitäten an der Spitze und vielen regionalen Hochschulen. Das ist sicherlich eine Entwicklung, die das Ruhrgebiet mitbetrifft und deswegen ist es so wichtig, dass wir unsere Kräfte gut gemeinsam einsetzen. Nur so können wir uns gegen diese Form der Vertikalisierung schützen, die auch versucht, die alte Ordnung mit wenigen Traditionsuniversitäten wieder herzustellen. Wir wollen weiter eine für Wissenschaftler/innen wie Studierende offene, national wie international attraktive Forschungsuniversität sein, die sich aber gleichzeitig ihrer regionalen Verbundenheit bewusst ist. Genauso kennen wir unsere Verantwortung – mehr als die Hälfte der Studierenden an unserer Universität sind Bildungsaufsteiger/innen und ihre Vielfalt ist etwas Besonderes.

Auch deswegen bin ich hierhin gegangen. Weil es eine Universität ist, die jung ist, die eben noch keine tradierten Strukturen hat. Ich sage immer, Traditionen sind schön, aber wir machen uns unsere Traditionen selber. Wir sind in einer Phase, in der man noch stärker gestalten kann und noch nicht alles so fixiert ist. Ich denke, das ist ein Reiz für Menschen, die schätzen, dass man etwas verändern kann, dass es größere Gestaltungsmöglichkeiten gibt. Auch die Städte, in denen unsere Universität angesiedelt ist, verändern sich stetig. Ob das jetzt typisch für diese Region ist? Jeder muss sich schließlich wandeln. Auch in München, in Frankfurt oder Köln hat sich viel verändert, auch diese Städte sind gezwungen, sich zu wandeln. Ich würde das nicht als Alleinstellungsmerkmal für das Ruhrgebiet nehmen. Natürlich gibt es hier einen besonderen Strukturwandel, das ist so und daran arbeiten wir.

Das Dach liegt über meinem Büro. In diesem bunten Turm sind nur ein Treppenhaus und mein Büro, insofern kommt sonst niemand hierhin. Es ist direkt über mir und deshalb „mein" Dach. Ich führe meine Gäste gern auf das Dach, und dann zeige ich ihnen das Ruhrgebiet und die Stadt Essen und unsere Universität. Das lässt sich von hier oben gut erklären. Als Geograph ist man sowieso immer geneigt, einen exponierten Punkt anzusteuern, von dem aus man das Gelände überblicken kann.

Und auch der Blick der beiden Städte auf ihre Universität hat sich gewandelt. Von hier oben sieht man die Anbindung des Essener Campus an die Innenstadt. Man hat das alte Bahngelände beseitigt, so dass hier das neue Univiertel angelegt werden konnte, das sehr attraktiv geworden ist. Jetzt ist die Uni fußläufig mit der Innenstadt verbunden, das ist eine wichtige Entwicklung. Darüber hinaus denke ich, die Stadtgesellschaften in Duisburg und in Essen nehmen ihre Universität jetzt stärker wahr. Dadurch, dass sehr viele ihrer Kinder hier studieren, wird die Universität immer mehr ein integraler Bestandteil der Städte.

Die Wissenschaftsregion Ruhr

Hans Stallmann

WISSENSCHAFTSREGION RUHR

KAMP-LINTFORT
- Hochschule Rhein-Waal

BOTTROP
- Hochschule Ruhr West

OBERHAUSEN
- Fraunhofer-Institut für Umwelt-, Sicherheits- und Energietechnik UMSICHT

DUISBURG
- Universität Duisburg-Essen
- Fachhochschule für öffentliche Verwaltung NRW
- Hochschule für Ökonomie und Management FOM
- Folkwang Universität der Künste
- Fraunhofer-Institut für Mikroelektronische Schaltungen und Systeme IMS

MÜLHEIM
- Hochschule Ruhr West
- MPI für Chemische Energiekonversion
- MPI für Kohleforschung

ESSEN
- Rheinisch-Westfälisches Institut für Wirtschaftsforschung RWI
- Folkwang Universität der Künste
- Universität Duisburg-Essen
- Hochschule für Ökonomie und Management FOM

GELSENKIRCHEN
- Westfälische Hochschule
- Fachhochschule für öffentliche Verwaltung NRW

RECKLINGHAUSEN
- Westfälische Hochschule

BOCHUM
- Ruhr-Universität Bochum
- EBZ Business School
- Technische Fachhochschule Georg Agricola
- Evangelische Fachhochschule Rheinland-Westfalen-Lippe
- Hochschule für Gesundheit
- Hochschule für Ökonomie und Management FOM
- Hochschule Bochum
- Folkwang Theaterzentrum
- Deutsches Bergbau-Museum Bochum

DORTMUND
- Technische Universität Dortmund
- Fachhochschule Dortmund
- Fachhochschule für öffentliche Verwaltung NRW
- Hochschule für Ökonomie und Management FOM
- International School of Management ISM
- Orchesterzentrum NRW
- Leibniz-Institut für analytische Wissenschaften ISAS
- Leibniz-Institut für Arbeitsforschung an der TU Dortmund (IfADo)
- MPI für molekulare Physiologie
- Bundesanstalt für Arbeitsschutz und Arbeitsmedizin BAuA
- Fraunhofer-Institut für Materialfluss und Logistik IML
- Fraunhofer-Institut für Software und Systemtechnik ISST
- Institut für Landes- und Stadtentwicklungsforschung ILS

WITTEN
- Universität Witten-Herdecke

HAGEN
- Fachhochschule für öffentliche Verwaltung NRW
- FernUniversität Hagen
- Fachhochschule Südwestfalen

HAMM
- SRH Hochschule für Logistik und Wirtschaft
- Hochschule Hamm-Lippstadt

UNNA
- Hochschule für angewandtes Management, Gesundheit und Sport

Legende:
- ● STANDORTE DER UA-RUHR
- ● UNIVERSITÄTEN
- ● FACHHOCHSCHULEN
- ● KUNSTHOCHSCHULEN
- ● AUSSERUNIVERSITÄRE FORSCHUNGSEINRICHTUNGEN

Das Ruhrgebiet hat sich in den vergangenen 50 Jahren vom Kohle- und Stahlrevier zu einer jungen und dynamischen Wissenschaftsregion gewandelt. Gab es Anfang der 1960er Jahre keine Universitäten an der Ruhr, studieren heute mehr als 200.000 Menschen an über 20 Hochschulen und machen die Region zwischen Duisburg und Dortmund zu einem der größten und leistungsstärksten Wissenschaftsstandorte Deutschlands.

Historische Wurzeln

So neu das Ruhrgebiet als Standort wissenschaftlicher Hochschulen ist, die Wurzeln reichen weit länger zurück. Bereits zu Lebzeiten des weltberühmten Duisburger Kartographen Gerhard Mercator hatte das Herzogtum Jülich-Kleve-Berg die notwendige päpstliche Erlaubnis (1564) und das kaiserliche Privileg (1566) für die Gründung einer Universität erhalten. Gleichwohl dauerte es dann nochmals 90 Jahre, ehe Duisburg schließlich im Jahre 1655 Universitätsstadt wurde und mit einigem Erfolg bis 1818 blieb, bevor die Universität wegen konfessionell bedingter Unterauslastung vom preußischen König Friedrich Wilhelm III. geschlossen wurde.

Auch die Versuche, eine Technische Hochschule in Dortmund zu errichten, schlugen vor und nach dem Ersten Weltkrieg fehl, da die politisch Verantwortlichen außerhalb des Ruhrgebiets schon seit den Zeiten Kaiser Wilhelms II. darauf verzichteten, Kasernen und Universitäten im Ruhrrevier zu errichten, um keine potenziellen Unruheherde im industriellen Herzen des Deutschen Reiches zu schaffen. Anstatt sich zu bilden und als Studierende für Unruhe zu sorgen, sollten die Menschen hier lieber hart „malochen".

So mussten 150 Jahre vergehen, bis wieder eine Universität im Ruhrgebiet gegründet wurde. Dieses Mal war es das mitten in der Region gelegene Bochum, das 1961 durch Beschluss des nordrhein-westfälischen Landtages Universitätsstadt wurde. Die neue Hochschule sollte als kultureller Mittelpunkt des damals noch völlig von Kohle und Stahl geprägten Ruhrgebiets fungieren, der Ausschöpfung der weitgehend brachliegenden Bildungsreserven sowie der Entlastung der überfüllten Universitäten Köln und Münster dienen. Als nur ein knappes Jahr später auch die Errichtung einer stärker technisch ausgerichteten Universität in Dortmund beschlossen wurde, glaubte der damalige Ministerpräsident Franz Meyers (CDU), den „Bedarf an Studienplätzen in unserem Land für 30 bis 50 Jahre befriedigt" zu haben. Wie falsch er damit lag, zeigt die weitere Entwicklung. Es folgte ein in der Geschichte nicht gekannter Ausbau des tertiären Bildungssektors im gesamten Bundesgebiet, insbesondere jedoch in Nordrhein-Westfalen und im Ruhrgebiet, das in den Folgejahren zahlreiche weitere Hochschulen und außeruniversitäre Forschungseinrichtungen erhielt.

Im Jahre 1971 wurden die Ingenieurschulen in Gelsenkirchen[1], Bochum und Dortmund zu Fachhochschulen umgestaltet, während nur ein Jahr später die Gesamthochschulen Duisburg und Essen vom damaligen Wissenschaftsminister Johannes Rau ins Leben gerufen wurden, die 2003 zur Universität Duisburg-Essen fusionierten. 1974 betrat die Fernuniversität in Hagen mit ihrem Konzept ebenso Neuland wie die von Konrad Schily maßgeblich mitgestaltete private Universität Witten-Herdecke, die 1983 ihren Lehrbetrieb aufnahm. Zudem entstanden immer weitere Fachhochschulen in der Region, zuletzt die von der Landesregierung initiierten Neugründungen Hamm-Lippstadt, Ruhr-West in Mülheim und Bottrop, Rhein-Waal in Kleve und Kamp-Lintfort sowie schließlich die bundesweit einzigartige Hochschule für Gesundheit in Bochum, die derzeit noch in Provisorien untergebracht ist und Ende 2015 eine neue Heimat auf dem entstehenden NRW-Gesundheitscampus in Bochum finden wird.

Die Hochschulen heute

Heute sind fünf Universitäten, 16 Fachhochschulen sowie eine Universität der Künste im Ruhrgebiet angesiedelt, an denen mehr als 200.000 Studierende[2] eingeschrieben sind. Damit hat sich die einstmals bildungsferne Region binnen weniger

Jahrzehnte zu einer der größten Wissenschaftsregionen in Deutschland und Europa entwickelt. Mittlerweile kann man im Ruhrgebiet nahezu jedes Fach studieren. Sehr breit angelegte Volluniversitäten sind hier ebenso zu finden wie hochspezialisierte Hochschulen für Ökonomie, Wohnungswirtschaft, Bergbau oder Gesundheit.

Den Kern der Hochschullandschaft bilden die drei großen Universitäten Bochum, Duisburg-Essen und die Technische Universität Dortmund. Bochum und Duisburg-Essen mit jeweils ca. 40.000 Studierenden gehören zu den wenigen Universitäten in Deutschland, die über das gesamte Fächerspektrum verfügen und neben den klassischen Natur-, Geistes- und Gesellschaftswissenschaften auch eine leistungsfähige Medizin mit großen Universitätsklinken und gut ausgebaute Ingenieurwissenschaften umfassen. Die TU Dortmund mit etwa 32.000 Studierenden verfügt über ein starkes Repertoire ingenieur- und naturwissenschaftlicher Disziplinen mit deutschlandweit einzigartigen Fakultäten für Statistik, Architektur und Bauingenieurwesen oder Raumplanung sowie über eine gut aufgestellte Lehrerbildung.

Besonders forschungsstark ist die Universität Duisburg-Essen in den biomedizinischen Wissenschaften, in denen naturwissenschaftliche Grundlagenforschung mit der klinischen Forschung am Universitätsklinikum Essen vernetzt wird, sowie in der Nanotechnologie mit dem international renommierten „Center for Nanointegration" (CENIDE). Zudem beschäftigen sich Wissenschaftler nahezu aller Fakultäten mit dem breit angelegten Thema „Urbane Systeme", in dem ökologische, ökonomische und soziologische Sichtweisen auf den Forschungsgegenstand „Stadt" zusammengeführt werden.

Die Ruhr-Universität Bochum weist hingegen besondere Stärken in der Material-, Protein- und Plasmaforschung, in den Neurowissenschaften sowie in den Religionswissenschaften auf, die in großen multidisziplinären „Research Departments" organisiert sind. Darüber hinaus stellt das im Rahmen der Exzellenzinitiative geförderte Forschungscluster „Ruhr Explores Solvation" (RESOLV), das chemische Reaktionen in Lösungsmitteln untersucht und im Jahre 2016 einen eigenen Forschungsbau auf dem Campus der Ruhr-Universität Bochum eröffnet, einen weithin sichtbaren Leuchtturm dar. An diesem Vorhaben sind neben Wissenschaftlern international renommierter Universitäten und verschiedener außeruniversitärer Forschungsinstitute der Region insbesondere auch Forscher der TU Dortmund u.a. mit dem weltweit einzigen an einer Universität betriebenen Elektronenspeicherring „DELTA" beteiligt.

Die Forschung an der TU Dortmund ist besonders in ihren vier Profilbereichen national und international sehr gut aufgestellt: Diese sind „Produktion und Logistik" mit dem LogistikCampus in Kooperation mit dem Fraunhofer-Institut für Materialfluss und Logistik, „Chemische Biologie und Biotechnologie", „Modellbildung, Simulation und Optimierung komplexer Systeme und Prozesse" sowie „Jugend-, Schul- und Bildungsforschung", der vielbeachtete Impulse für die Bildungspolitik liefert.

Die drei weiteren Universitäten im Ruhrgebiet weisen ganz unterschiedliche Charakteristika auf. Die Fernuniversität Hagen ist die einzige staatliche Fernuniversität Deutschlands und ist gemessen an ihrer Studierendenzahl von über 65.000 die größte Hochschule Deutschlands, aufgrund ihrer einzigartigen Struktur aber nur schwer mit den klassischen Hochschulen zu vergleichen. Die Studierenden sind auf das gesamte Bundesgebiet und z.T. das Ausland verteilt, studieren vornehmlich von zu Hause aus und werden von 13 Regionalzentren betreut. Das Fächerspektrum umfasst im Wesentlichen Bildungs- und Kulturwissenschaften, Wirtschaftswissenschaften, Mathematik, Informatik und Rechtswissenschaften. Während die Fernuniversität aus naheliegenden Gründen keine Mediziner-Ausbildung anbietet, ist diese integraler Bestandteil der ältesten Privatuniversität Deutschlands in Witten-Herdecke, die sich als Modelluniversität mit innovativem Charakter versteht. Zum Grundkonzept gehört neben den Wirtschaftswissenschaften insbesondere eine Fakultät für Kulturreflexion, in der alle Studierenden jenseits der Fachwissenschaften ein nachhaltiges Verständnis von sich und der Welt erlangen sollen.

Die Folkwang Universität der Künste schließlich vereinigt als eine von wenigen deutschen Hochschulen für Künste die Sparten Musik, Theater, Tanz, Gestaltung und Design, die sich z.T. auf Standorte in Duisburg (Alte Musik), Bochum (Theaterzentrum) und Dortmund (NRW-Orchesterzentrum) verteilen. In Bochum startete im Oktober 2014 zudem das „Pop-Institut" mit dem deutschlandweit einzigartigen Masterstudiengang „Populäre Musik". Ihren Hauptsitz hat die Kunsthochschule nicht wie sonst im Ruhrgebiet üblich in mehr oder weniger modernen Gebäuden, sondern im ehemaligen, altehrwürdigen Kloster in Essen-Werden.

Darüber hinaus weist das Ruhrgebiet eine außerordentlich ausdifferenzierte und leistungsfähige Fachhochschullandschaft mit insgesamt 16 Hochschulen für angewandte Wissenschaften auf, die z.T. an mehreren Standorten in der Region angesiedelt sind. Die großen und ältesten in Gelsenkirchen/Recklinghausen mit ca. 9.000, in Bochum mit ca. 7.000 und in Dortmund mit über 13.000 Studierenden sind in erster Linie technisch-naturwissenschaftlich geprägt und bieten insbesondere Bildungsaufsteigern attraktive Studienmöglichkeiten. Dies gilt auch für die neuen Hochschulen in Hamm-Lippstadt, Ruhr-West in Mülheim und Bottrop und Rhein-Waal in Kleve und Kamp-Lintfort, die sich noch im Aufbau befinden und durch ihre relativ breit angelegte inhaltliche Ausgestaltung und geographische Lage zur weiteren Diversifizierung der Hochschullandschaft Ruhr beitragen.

Daneben hat sich eine Vielzahl von meist hoch spezialisierten Hochschulen etabliert – beispielsweise die Technische Fachhochschule Georg Agricola, deren Ursprünge auf die bereits 1816 gegründete Bochumer Bergschule zurückgehen und die sich heute mit Rohstoffen, Energie und Umwelt sowie mit dem angesichts der für 2018 geplanten Schließung der letzten Zeche im Ruhrgebiet immer virulenter werdenden Nachbergbau, also den Ewigkeitsaufgaben des Bergbaus, beschäftigt. Die jüngste Hochschule im Ruhrgebiet ist die Hochschule für Gesundheit, an der erstmalig in Deutschland Physiotherapeuten und Krankenpfleger akademisch ausgebildet werden.

Außeruniversitäre Forschung

Neben den 22 Universitäten und Hochschulen haben elf große außeruniversitäre Forschungseinrichtungen ihren Sitz im Ruhrgebiet: drei Max-Planck-Institute, vier Institute der Fraunhofer-Gesellschaft sowie vier Leibniz-Institute. Diese werden von Bund und Land getragen, sind bestens ausgestattet und arbeiten auf Spitzenniveau an bestimmten Themen und Fragestellungen wie beispielsweise das in Dortmund angesiedelte Max-Planck-Institut für molekulare Physiologie und die beiden Mülheimer Institute für Kohlenforschung sowie chemische Energiekonversion. In Oberhausen ist das Fraunhofer-Institut für Umwelt-, Sicherheits- und Energietechnik angesiedelt, während Essen das Rheinisch-Westfälische Institut für Wirtschaftsforschung beherbergt, das zur Wissenschaftsgemeinschaft Gottfried Wilhelm Leibniz gehört und derzeit vom Vorsitzenden der sogenannten „fünf Wirtschafsweisen", Prof. Dr. Christoph M. Schmidt, geleitet wird, der seinerseits an der Ruhr-Universität Bochum forscht und lehrt.

Obwohl das Ruhrgebiet damit über hervorragende außeruniversitäre Forschungseinrichtungen verfügt, sind in anderen Wissenschaftsregionen wie München oder Berlin deutlich mehr Einrichtungen der genannten Gesellschaften beheimatet. Beispielsweise sind im Großraum München neben dem Hauptsitz der Max-Planck-Gesellschaft allein zehn Institute angesiedelt, während es im gesamten Bundesland Nordrhein-Westfalen nur zwölf Institute gibt. Im Gegensatz zum Hochschulbereich konnte das Ruhrgebiet den historisch bedingten Vorsprung anderer Regionen in diesem Sektor nicht aufholen.[3]

Heute hat sich der Bedarf an von Bund und Ländern finanzierten Forschungseinrichtungen weitgehend konsolidiert, sodass dieser Nachteil kaum mehr wettzumachen ist, selbst wenn es in den kommenden Jahren gelingen sollte, weitere außeruniversitäre Institute im Ruhrgebiet anzusiedeln.

Kooperationen

Daher erscheint es im Ruhrgebiet noch mehr als anderorts geboten, durch intensive Kooperationen zu punkten. Das gilt sowohl für die Hochschulen untereinander als auch im Hinblick auf gemeinsame Vorhaben mit den außeruniversitären Forschungseinrichtungen sowie mit der Wirtschaft. Insofern weist die seit 2007 bestehende Universitätsallianz Ruhr (UA Ruhr) zwischen der Ruhr-Universität Bochum, der Universität Duisburg-Essen und der TU Dortmund genau in die richtige Richtung und wird mittlerweile auch bundesweit als vorbildliche Kooperation zwischen Hochschulen wahrgenommen. Mit 110.000 Studierenden und nahezu 10.000 Wissenschaftlern stellt die UA Ruhr ein echtes Schwergewicht dar, das die nationale und internationale Sichtbarkeit des Wissenschaftsstandortes Ruhrgebiet erhöht. In einer Vielzahl universitätsübergreifender Forschungsprojekte, die u.a. von der in Essen beheimateten Stiftung Mercator im gleichnamigen „Mercator Research Center Ruhr" (MERCUR) finanziell unterstützt werden, arbeiten hunderte von Wissenschaftlern bereits erfolgreich zusammen und verbessern so die Chancen, im immer härter werdenden Wettbewerb um Forschungsgelder zu reüssieren.

Auch zu den außeruniversitären Forschungseinrichtungen bestehen enge Verbindungen inhaltlicher und personeller Art. Viele der maßgeblichen Wissenschaftler der angesprochenen Max-Planck-, Fraunhofer- und Leibniz-Institute sind gleichzeitig Professoren an einer der drei UA Ruhr-Universitäten und stellen somit eine wertvolle Brücke zwischen beiden „Welten" dar. Untereinander haben sich die großen außeruniversitären Forschungseinrichtungen zusammen mit weiteren kleineren Instituten sowie einer Reihe von universitären (An)-Instituten zum Wissenschaftsforum Ruhr zusammengeschlossen, das die Leistungen der Mitglieder nach außen noch transparenter darstellen soll. Zudem ist die Zusammenarbeit der Universitäten und Fachhochschulen im Ruhrgebiet erfreulich intensiv, was sich in diversen gemeinsamen Promotionsprogrammen und Rahmenvereinbarungen widerspiegelt.

Schließlich bestehen auch zur Wirtschaft gute Verbindungen, die in den kommenden Jahren noch weiter ausgebaut werden sollen. Mit zahlreichen Unternehmen der Region sind die Hochschulen durch die Deutschlandstipendien verbunden, in deren Rahmen Firmen Studierende unterstützen, z.T. durch Praktika frühzeitig kennenlernen und in Zeiten zunehmenden Fachkräftemangels an sich binden können. Darüber hinaus betreiben die Hochschulen durch eine Vielzahl von Angeboten aktive Gründungsförderung, die im montanindustriell geprägten Ruhrgebiet mit relativ geringer Gründungsneigung der Bürger von besonderer Bedeutung ist und im Zusammenspiel mit den Industrie- und Handelskammern des Ruhrgebiets weiter intensiviert wird. Die TU Dortmund wird z.B. als Gründerhochschule mit ihrem Projekt „tu>startup" im Programm „EXIST-Existenzgründungen aus der Wissenschaft" des Bundes gefördert; die Universität Duisburg-Essen betreibt eine „Innovationsfabrik", die den Transfer von Forschungsergebnissen in innovative Produkt-, Service- und Geschäftsideen beschleunigt.

Im Zusammenhang mit der Gründerförderung haben sich in den vergangenen Jahren diverse Technologiezentren rund um die Hochschulen angesiedelt und zahlreiche kleinere und mittelständische, z.T. hoch innovative Unternehmen hervorgebracht. Als Leuchtturm und nachahmenswertes Beispiel ist hier das in unmittelbarer Nachbarschaft zur TU Dortmund gelegene Technologiezentrum Dortmund zu nennen, das mit insgesamt ca. 280 Firmen und 8.500 Mitarbeitern deutlich heraussticht und das größte seiner Art in Deutschland ist.

Die Wissenschaftsregion heute und in Zukunft

Weit mehr als 20.000 Absolventen verlassen jedes Jahr die Hochschulen an der Ruhr und stellen damit für die einheimische Industrie ein großes und gut ausgebildetes Reservoir an Arbeitskräften dar. Auch selbst gehören die Universitäten mittlerweile zu den größten Arbeitgebern der Region und beschäftigen heute viel mehr Menschen als in der traditionellen Kohle- und Stahlbranche tätig sind. Insgesamt mehr als 25.000 Beamte und Angestellte sind im Wissenschaftssektor beschäftigt; nimmt man die Universitätskliniken hinzu, kommt man auf über 35.000 zumeist sehr anspruchsvolle Arbeitsplätze.

Die in der Wissenschaft liegenden Chancen werden zusehends intensiver wahrgenommen, wie zahlreiche Projekte, Veranstaltungen und Initiativen der letzten Jahre verdeutlichen. Diverse Städte haben Strategieprozesse wie den „Masterplan Wissenschaft" in Dortmund oder die „UniverCity" Bochum ins Leben gerufen, um sämtliche Akteure, insbesondere auch die Kommunen selbst, für Bedeutung und Potenziale der Wissenschaft zu sensibilisieren und gemeinsame Aktivitäten voranzubringen. Auch die Stadt Essen macht sich derzeit auf, die Rolle der Wissenschaft in der Stadt zu stärken und noch deutlicher herauszustreichen.

Ergänzt werden diese kommunalen Aktivitäten von einer Reihe überregionaler Initiativen zur Stärkung und Sichtbarmachung der Wissenschaft im Ruhrgebiet insgesamt. So fand im Oktober 2014 die erste „WissensNacht Ruhr" als Brückenschlag in die Gesellschaft statt, bei der sich die Wissenschaftseinrichtungen vor allem an fünf zentralen Orten in der Region präsentierten. Seit 2012 werden in regelmäßigen Abständen sogenannte „Wissensgipfel Ruhr" zur Vernetzung von Wissenschaft, Unternehmen, Verbänden, Stadtplanung und Verwaltung veranstaltet, die von den Industrie- und Handelskammern, dem Regionalverband Ruhr sowie dem Initiativkreis Ruhr durchgeführt werden und jeweils mehrere hundert Verantwortliche zum Austausch und zur Netzwerkbildung sowie im Idealfall zum Anstoß weiterer Initiativen zusammenbringen.

Das von der Stiftung Mercator initiierte und geförderte Vorhaben „RuhrFutur" und die vom Initiativkreis Ruhr ins Leben gerufene „Talentmetropole Ruhr" sowie viele weitere lokale und interkommunale Initiativen arbeiten daran, auch sogenannten bildungsfernen Schülern den Weg an die Hochschulen zu erleichtern bzw. überhaupt erst einmal aufzuzeigen. Hier liegt für das Ruhrgebiet viel Potenzial für die Zukunft, da die Zahl der Studienanfänger zwar absolut betrachtet mit mehr als 30.000 beeindruckend hoch ist, aber prozentual immer noch hinter dem Bundes- und Landesdurchschnitt zurückbleibt. Während andere Städte und Regionen bei Studierendenquoten von teilweise über 70 Prozent ihr Potenzial bei stagnierenden oder zurückgehenden Geburtenzahlen bereits weitgehend ausgeschöpft haben, können die Hochschulen an der Ruhr bei derzeit deutlich niedrigeren Übertrittsquoten von der Schule zur Hochschule auf weiter steigende Studierendenquoten und damit gleichbleibend hohe Studierendenzahlen setzen.

Auf der anderen Seite müssen sowohl die großen als auch die kleineren und mittleren Unternehmen des Ruhrgebiets ihre Attraktivität und Sichtbarkeit für die Absolventen der Hochschulen erhöhen, um insbesondere die guten und potenziell mobilen Studierenden in noch größerer Zahl als bislang nach ihrem Abschluss im Ruhrgebiet zu halten oder diese später dazu zu bewegen, nach Erfahrungen in der (süddeutschen) Ferne wieder in die Region zurückzukehren. Mit entscheidend dabei ist auch das Image der Region, das noch allzu sehr von der montanindustriellen Vergangenheit bestimmt wird.

Hier bieten Wissenschaft und Forschung eine hervorragende Chance, den im Gange befindlichen Struktur- und Mentalitätswandel weiter zu befördern und die Attraktivität der Region zu erhöhen. Neben Fußball, Kultur und den ebenso offen-direkten wie freundlichen Menschen ist bereits heute die Wissenschaft ein Markenkern des Ruhrgebiets, das getrost als eine der wichtigen Wissenschaftsregionen in Deutschland und Europa bezeichnet werden kann, auch wenn dies außer- wie auch innerhalb des Ruhrgebiets noch viel zu wenig wahrgenommen wird.

[1] Zunächst noch als Angliederung der FH Bochum.
[2] Wenn man die Fernuniversität Hagen mit ihren über 65.000 Studierenden sowie die FOM mit ihren über 32.000 Studierenden an 33 Standorten komplett einrechnet, sind es über 280.000 Studierende.
[3] Obgleich das erste Max-Planck-Institut, damals noch Kaiser-Wilhelm-Institut genannt, außerhalb Berlins im Jahre 1914 in Mülheim an der Ruhr gegründet worden war.

Dr. Hans Stallmann studierte Geschichte, Geschichte Nordamerikas und Politikwissenschaft in Bochum und im kanadischen Hamilton. 2003 wurde er mit einer Arbeit über Gründung und Aufbau der Ruhr-Universität Bochum promoviert und leitete anschließend das Projekt „Stiften macht Freu(n)de. Stifter und Spender fördern die Ruhr-Universität Bochum". Nach einer Zwischenstation als Wissenschaftlicher Mitarbeiter der Akkreditierungsagentur ASIIN in Düsseldorf ging Hans Stallmann 2005 an die Uni Erlangen-Nürnberg. Dort war er zunächst Leiter des Referats für Qualitätsmanagement, Studienprogrammentwicklung und Rechtsangelegenheiten und später stellvertretender Leiter der Abteilung Lehre und Studium. Seit Oktober 2009 ist Hans Stallmann Koordinator der Universitätsallianz Ruhr.

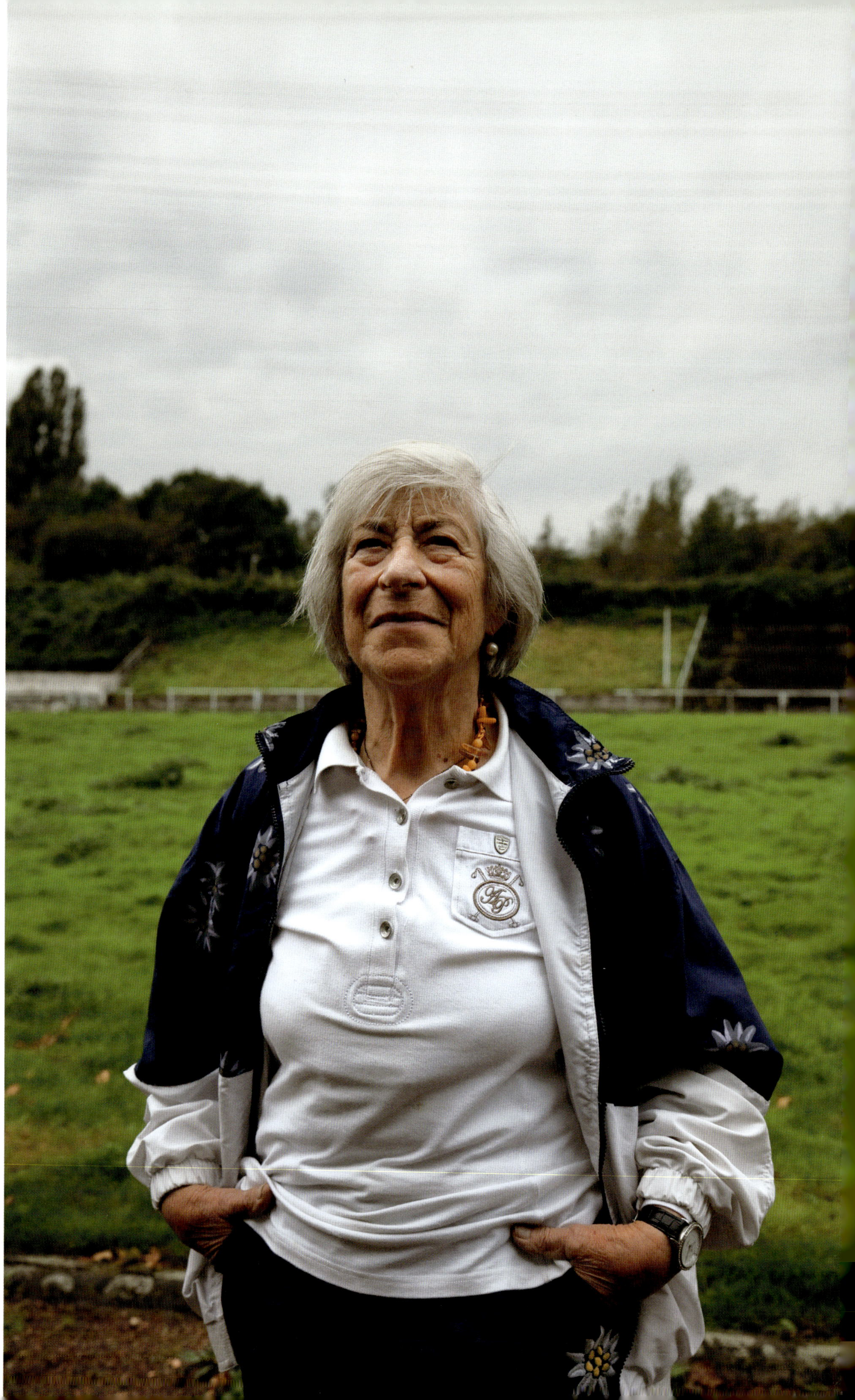

GEWINNER FOTOWETTBEWERB

Marlene Strenger

Stadion Mathias Stinnes, Essen

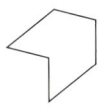

Marlene Strenger wurde 1937 in Essen geboren.

Das Fußballstadion Mathias Stinnes liegt in Essen-Karnap. 1925 zur Leibesertüchtigung der Bergleute errichtet, wurde es 1950 von der Zeche Mathias Stinnes gekauft und zu einem Stadion ausgebaut. Unter anderem spielte die zweite Mannschaft von Rot-Weiß-Essen dort. Im Jahr 2000 wurde das Stadion von einem privaten Investor übernommen. Es bietet Platz für etwa 9.000 Zuschauer.

Ich komme an diesem besonderen Ort eigentlich regelmäßig vorbei. Am Sonntag erst: Mein Weg führte zur Kirche, da fand eine Jubilarfeier statt. Einige meiner früheren Sport- und Schulkolleginnen sowie einige aus dem Mädchenkreis wurden geehrt. Sie hatten Goldene, Diamantene und Eiserne Konfirmation. Es war ein feierlicher Gottesdienst mit Chor und Abendmahl. Anschließend wurde zu einem leckeren Imbiss eingeladen. Es war alles gut gelungen, für mich war es schön, ich konnte mich wieder an meine Jugendzeit mit Taufe, Konfirmation und Trauung erinnern.

Kameradschaft ist wichtig und wird durch Sport gefördert. Man lernt auch, auf dem Boden zu bleiben und dass man nicht immer im Mittelpunkt steht. Es ist generell wichtig, dass man jemanden hat, der an einen glaubt. Bei mir war das zum Beispiel meine Oma. Die hat immer gesagt: ‚Marlene schafft das!'. Ich habe sie sehr gerne gehabt.

Der Sport prägt mich auch heute noch. Ich leite verschiedene Sportgruppen, auch im Seniorenheim und in anderen Einrichtungen. Aktive Bewegung stützt Herz und Kreislauf. Geistige Aktivität sollte mit körperlicher Bewegung verbunden werden.

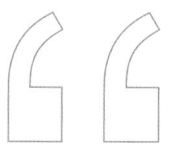

Stadion Mathias Stinnes, Essen

Im Schuljahr 1949/50, ich war ungefähr zwölf Jahre alt, bekamen wir den Sportlehrer Jenneckens. Er wusste, wie man Kinder für die Leichtathletik begeisterte. Mit viel Geduld und Können zeigte er uns, wie wir schneller laufen, beim Schlagball weiter werfen und die Technik beim Weitsprung verbessern konnten. Ich machte alles gerne. Hier konnte ich so viel Neues lernen! Das war wichtig für mich. Damals hätte ich eine weiterführende Schule besuchen können, aber daran war nicht zu denken. Das Schulgeld, die Fahrtkosten und die Schulbücher, das musste ja alles bezahlt werden. So viel Geld konnten meine Eltern mit drei Kindern nicht aufbringen. Mein Vater war bei der Werksfeuerwehr auf der Zeche Mathias Stinnes. Aber im Turnverein Karnap 04 durfte ich mich anmelden. Sonntags, wenn es das Wetter zuließ, fassten alle Turner und Turnerinnen mit an und holten das Rhönrad und den Barren vom Geräteraum auf den Sportplatz. Auch ich durfte mithelfen. Dann wurden unter Aufsicht die Geräteübungen probiert. Zu Anfang war alles neu und ungewohnt für mich, doch es ging von Mal zu Mal besser. Es war herrlich, unter freiem Himmel an den Geräten zu turnen. An zwei Nachmittagen in der Woche hatten wir für die Vereinsmeisterschaften und für das Schulsportfest zu trainieren. Es war spannend, weil ich mich von Woche zu Woche in meinen Leistungen steigerte.

Die Meisterschaften rückten näher. Meine Mutter sagte zu mir: „Ich glaube, eine neue Turnhose wäre auch nicht schlecht, Marlene. Ich hab noch ein Stück schwarzen Stoff. Den hat mir Tante Grete mal gegeben." So kam ich zu einer Turnhose aus schwarzem Satin. Ein glänzendes Modell! Der einzige Nachteil war, es knitterte. Lehrer Bussmann, der von allen Mädels sehr verehrt wurde, auch von mir, kam eines Tages an und sagte: „Marlene, ich hab da was für dich." Er hielt ein Paar Spikes in der Hand, die er mir leihen wollte. Das waren Schuhe mit Nägeln, in denen man beim Laufen einen besseren Bodenkontakt hatte. Ich konnte es kaum glauben! Nur waren sie mindestens vier Nummern zu groß. Ich habe sie aber gerne genommen und einfach mit Papier ausgestopft.

Meine Eltern hatten nichts dagegen, dass ich mich so für den Sport begeisterte, auch wenn ich unseren Garten als Laufstrecke benutzte. Den kurzen Weg zwischen den Gemüsebeeten rannte ich vor und zurück, vor und zurück. Ein halbhoher Sauerkirschbaum stand dort auch, und am Ende ein Stall voller Hühner mit einem Hahn und einem Schwein. Endlich kam das Schulsportfest. Der Sportlehrer, der uns mit seinem Ehrgeiz und seiner Begeisterung angesteckt hatte, stellte die Staffel auf. Acht mal 50 Meter. Wir waren acht nette, freundliche, durchtrainierte Mädels, und weil wir uns schon immer kannten, kannten wir auch unsere Macken. Doch Herr Jenneckens wusste, unsere Schwächen in Stärken umzusetzen. Das war sein und unser Glück! Wir machten den ersten Platz und holten für unsere Schule eine Ehrenurkunde und ein Ölgemälde mit einer Naturlandschaft. Das Bild habe ich immer noch vor Augen.

Heute bin ich 77 Jahre alt und zeige seit 24 Jahren jüngeren und älteren Menschen im Altenheim, in Kirchengemeinden und im Turnverein, mit welchen Bewegungen sie sich ihre Gesundheit und ihr Wohlbefinden erhalten können. Ich habe eine Ausbildung beim Deutschen Turnerbund dafür gemacht und später noch das Qualitätssiegel „Sport pro Gesundheit". Eine schöne Aufgabe! Und seit zwei Jahren schreibe ich in „sportivo sen.", einer Fachzeitschrift für Trainer und Übungsleiter im Seniorensport, aus meinem Erfahrungsschatz Artikel über Übungen mit und ohne Geräte. Im Turnverein bin ich selbst noch aktiv und trainiere regelmäßig für das Sportabzeichen. Wie früher, nur der Sportplatz ist ein anderer. Denn seit meiner Hochzeit, vor fast 53 Jahren, wohne ich in Mülheim an der Ruhr. Nur manchmal frage ich mich im Stillen: Wie sieht mein altes Stadion in Karnap wohl heute aus?

Haus Ruhrnatur, Mühlheim an der Ruhr

Nicola Ammer

GEWINNER FOTOWETTBEWERB

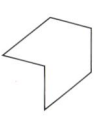

Dr. Nicola Ammer wurde 1976 in Wanne-Eickel geboren.

Das Haus Ruhrnatur wurde 1992 durch die RWW Rheinisch-Westfälische Wasserwerksgesellschaft in einem denkmalgeschützten ehemaligen Schülerbootshaus eingerichtet, das idyllisch am Wasserbahnhof Mühlheim gelegen ist. Es beherbergt ein Naturerlebnismuseum, in dem die Besucher interaktiv den Umgang mit regenerativen Energien erlernen können.

,,

Das Haus Ruhrnatur ist für mich ein Symbol dessen, was hier in den vergangenen Jahrzehnten passiert ist: ein absolutes Umdenken.

Die Ruhr ist für mich persönlich ein Ort der Stille, ein Ort der Muse, ein Ort des Einklangs, ein Ort des Entspannens und um mal wieder tief Luft zu holen.

Dieser Ort bietet genau den Skeptikern Paroli, die immer noch alten Klischees nachhängen. Zeigt man ihnen dann solch einen Ort mitten im Ruhrgebiet – das haut die einfach aus den Socken.

Die Geschichte, die Wandlung, der Genuss von Kunst und Kultur und, trotz aller Moderne, die Natur vor der Haustür zu haben, das macht für mich das Leben im Ruhrgebiet aus.

Wenn man in einer bestimmten Region des Ruhrgebiets wohnt, konzentriert man sich sehr auf diese eine und verliert vielleicht den Blick über den Tellerrand hinaus. Dabei hat jede Ruhrgebietsstadt etwas Besonderes zu bieten.

Sie können jeden Tag in eine andere Ecke des Ruhrgebiets fahren und werden jedes Mal wieder etwas Neues entdecken.

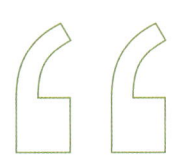

,,

Haus Ruhrnatur, Mühlheim an der Ruhr

Meinen Lieblingsort soll ich beschreiben, in Dir, schönem Ruhrgebiet.
Ich frage mich, welchen soll ich wählen, wo es davon so viele hier gibt?
Einen Lieblingsplatz hab ich erkoren: er ist in Mühlheim an der Ruhr.
Es ist der Weg am Ufer des Flusses, als Startpunkt wähle ich Haus Ruhr-Natur.

Es war an einem Sommerabend, es ist vielleicht zehn Jahre her,
Da verweilte ich an dem Ruhrufer – das Nachhausegehn fiel mir sehr schwer.
Die Sonne stand tief schon und tauchte die Ruhr in rot-goldenes Licht.
Welch' Glücksgefühl mich da erfüllte: so ergreifend, man glaubt es nicht.

Alle sprechen davon, weit zu reisen, Globetrotter einmal um die Welt.
Venedig ist vor meiner Haustür, und ich brauche dafür kein Geld.
In jenem Moment voller Stille, da hab ich für mich erkannt:
Der Ruhrpott ist mein wahres Zuhause, und Deutschland mein Heimatland!

Wie groß zu dir ist meine Liebe, wie groß meine Dankbarkeit.
Ich lebe in dir, meinem Ruhrpott – du hältst so viel Gutes bereit.

Wanne-Eickel ist mein Geburtsort. Lange habe ich in dir gelebt.
Den Mond hab ich still bewundert. Manchmal hat hier die Erde gebebt.
Einmal im Jahr Cranger Kirmes: ein lautes bunt-schillerndes Fest.
Meine Schulzeit, die erste Wohnung: Wanne war mein gemütliches Nest.

Nach Essen wollt ich nie ziehen, die Durchfahrt allein war eine Qual.
Nun wohn' ich hier schon viele Jahre, du bist für mich die erste Wahl.
Ja Essen, für mich eine Perle so mitten im Ruhrgebiet.
Am Baldeneysee Skaten und Radfahrn, auch Wassersport ist sehr beliebt.

Doch nicht alles muss in Essen perfekt sein, darum gibt's hier das Unperfekthaus.
Es ist da, um Talente zu fördern, kommt auch nicht jeder gleich groß heraus.
Aber dafür kann man vieles erproben und erfüllen sich so manchen Traum,
Kunst, Kultur oder Business-Ideen – für das alles gibt es hier einen Raum.

New York, Paris, Zürich und Essen, da muss man gewesen sein,
Erkläre ich gern jedem Zweifler, der meint: „Schön kann's im Pott ja kaum sein."
Oh doch, so widerspricht hier der Kenner, und fährt lautstark zu schwärmen fort:
Duisburg, Dortmund und Gelsenkirchen – jede Stadt ist hier ein Lieblingsort.

Herne, Unna, und Castrop-Rauxel, dann noch Bochum mit dem Kemnader See,
Marl, Bottrop, Hattingen, Witten – Industriekultur soweit ich seh'.
Und fehlt mir dann doch mal der Weitblick, ist Halde Hoheward der rechte Ort,
Oder das Dach des Gasometers. Über Oberhausen trägt mein Blick mich fort.

Willst Kunst und Kultur du erleben, musst du nur ins Ruhrgebiet fahr'n.
Warum in die Ferne schweifen, hat die Nähe doch so viel Charme?
Soviel könnte ich hier jetzt noch schreiben, über dich, du mein Ruhrgebiet;
Nur eines noch will ich dir sagen: mein Ruhrpott, ich habe dich lieb.

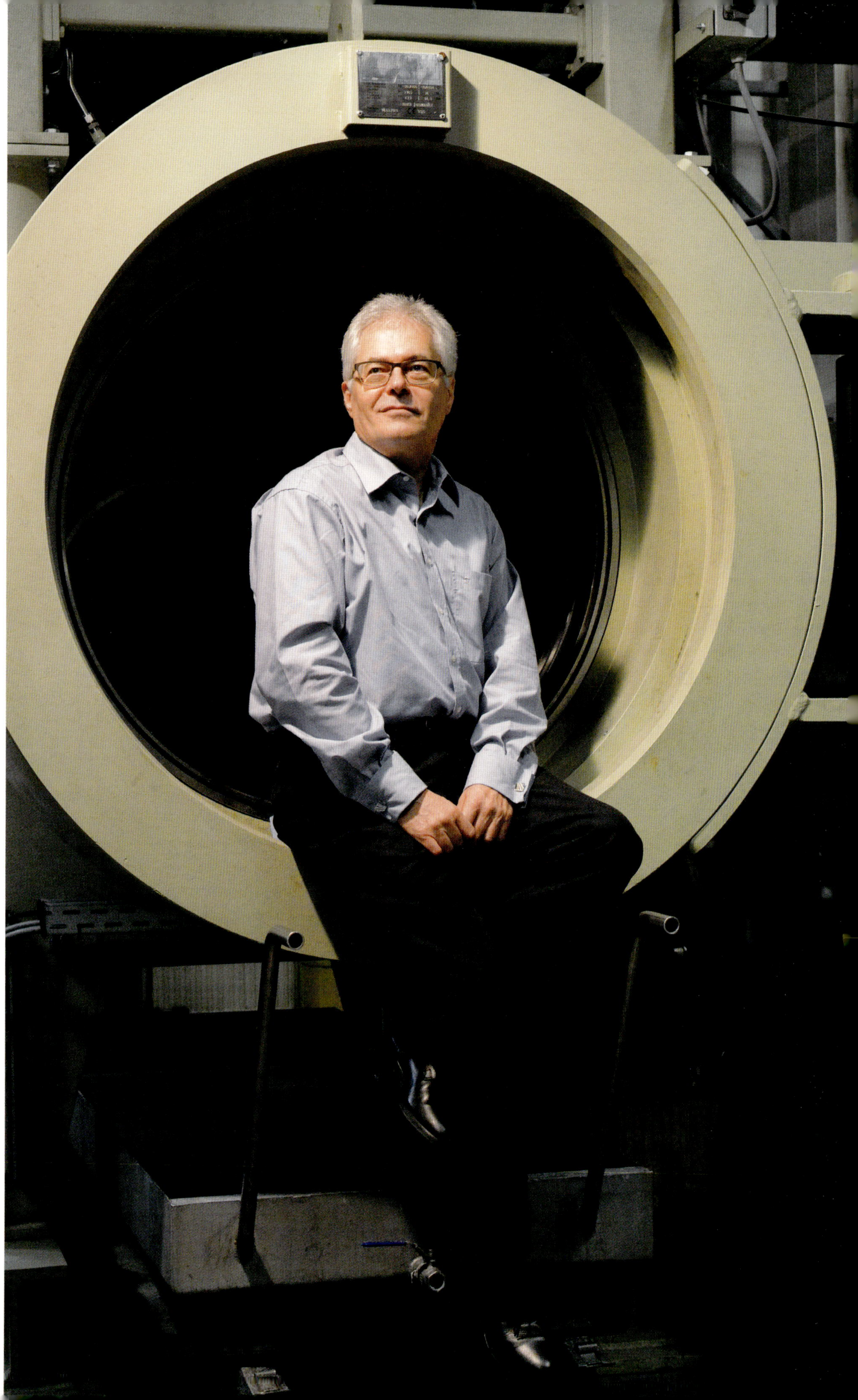

Eckhard Weidner

Großer Autoklav im Technikum von Fraunhofer UMSICHT, Oberhausen

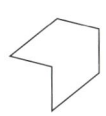

Prof. Dr. Eckhard Weidner wurde 1956 in Stuttgart geboren und lebt seit 1998 im Ruhrgebiet. Er hat den Lehrstuhl „Verfahrenstechnische Transportprozesse" an der Ruhr-Universität Bochum inne und ist Institutsleiter des Fraunhofer UMSICHT.

Ein Autoklav ist ein spezieller Stahlbehälter, der sehr hohen Drücken standhält. Der angesprochene Autoklav bei UMSICHT wird zum Gerben von Leder in CO_2-Atmosphäre unter hohem Druck eingesetzt. Diese UMSICHT-Entwicklung ermöglicht ein schadstofffreies und ressourcenschonenderes Verfahren im Vergleich zum herkömmlichen Gerbprozess. Prof. Weidners wissenschaftliche Wurzeln liegen in der Hochdrucktechnik.

**Großer Autoklav im Technikum
von Fraunhofer UMSICHT, Oberhausen**

Mich hat damals ein sehr gutes Angebot der Ruhr-Universität bewogen, ins Ruhrgebiet zu kommen. Ursprünglich komme ich aus Bayern, genauer gesagt aus Mittelfranken. Jetzt lebe ich seit siebzehn Jahren im Ruhrgebiet und es hat mich schon sehr geprägt. Es war hier im Ruhrgebiet viel einfacher, in Kontakt zu kommen. Die Menschen sind deutlich offener, das ist sehr angenehm. Auf der anderen Seite sind es auch viel mehr Menschen auf kleinem Raum, das ist man aus Bayern oder aus Mittelfranken nicht in dem Maße gewöhnt. Und das Ruhrgebiet hat mich natürlich beruflich geprägt, denn letztendlich habe ich fast meine gesamte Karriere hier im Ruhrgebiet gemacht.

Bei internationalen Konferenzen stelle ich erstaunlich wenig Wissen über das Ruhrgebiet fest, weil das Ruhrgebiet als Ganzes international nicht sichtbar ist. Es sind eben viele Einzelstädte und man muss dann immer erklären, dass das einer der großen Ballungsräume Europas ist. Da sehe ich eindeutig ein Defizit in der Außenwahrnehmung dieser spannenden, hochinteressanten und wirtschaftlich eigentlich sehr starken Region. National ist man natürlich nach wie vor konfrontiert mit den alten Klischees: Wir sind hier die armen Malocher, die in die Zechen einfahren und vor Ort die Kohle mit den eigenen Händen aus dem Berg schaufeln. Ich arbeite stark daran, dieses Klischee aufzuhebeln, denn inzwischen sind wir eine Hightech-Region, vielleicht ohne dass uns das selbst bewusst ist – aber eine gewisse Aufbruchsstimmung ist schon zu spüren.

Ich würde meinen Kindern raten, ein Studium im Ruhrgebiet zu beginnen. Ich würde aber auch sehr stark darauf drängen, dass sie während des Studiums aus dem Ruhrgebiet raus gehen – entweder innerhalb Deutschlands einmal wechseln oder aber noch zwei bis drei Semester international studieren. Ich habe das selbst bei mir beobachtet: Der Wechsel von Erlangen hierher hat mir so viele Impulse gegeben und auch eine ganz neue Sichtweise auf die Dinge. Und das sollte man meiner Meinung nach auch im Studium schon machen. Aber hier an den Top-Unis, die wir im Ruhrgebiet haben, zu beginnen, das kann ich wirklich empfehlen.

Ich glaube, wir müssen den Menschen in unserer Region klar machen, dass wir tatsächlich eine Hightech-Region sind und dass wir ein enormes Potenzial insbesondere an Wissen haben. Wir haben auch einen richtig starken Grundstock an klassischer Industrie. Und wir haben zunehmend neue Unternehmen, die nachziehen und den Kinderschuhen langsam entwachsen. Das ist aus meiner Sicht noch nicht als Grundstimmung im Ruhrgebiet oder in der Bevölkerung des Ruhrgebiets angekommen. Es ist eine der großen Aufgaben der Wissenschaft, hier das Zugpferd zu sein und zu versuchen, mit den Menschen in der Region und für die Menschen in der Region Zukunftsperspektiven aufzuzeigen, die auf Hightech basieren.

Wir sind am Fraunhofer-Institut für Umwelt-, Sicherheits- und Energietechnik und ich habe natürlich einen speziellen Ort bei UMSICHT gewählt. Dieser Ort symbolisiert eigentlich meine fachliche Herkunft. Ich habe vor über 30 Jahren als studentischer Mitarbeiter in der Hochdrucktechnik angefangen und sehe hier nach wie vor meine wissenschaftliche Expertise, weswegen ich eben auch den Autoklaven ausgewählt habe.

Wir haben inzwischen eine sehr große engagierte, talentierte Mannschaft, die sich extrem stark für die Ziele von UMSICHT und für die Ziele der Fraunhofer-Gesellschaft einsetzt. Der Autoklav ist sozusagen größer geworden. Und für mich symbolisiert dieser Ort genau das, was die Wissenschaft machen soll: Sie soll neue Themen aufgreifen und dann helfen, diese Themen bis zur industriellen Reife zu bringen.

Dieser große, schwere Autoklav ist auch ein Symbol fürs Ruhrgebiet, denn letztendlich kann man hier mit Werkstoffen, insbesondere mit Stahl, so gut umgehen wie in keiner anderen Region der Welt. Dass wir das so weit können, dafür bietet das Ruhrgebiet exzellente Voraussetzungen. Und letztendlich versuchen wir mit diesem Wissen, neue Anwendungsfelder zu erschließen – das ist es, was ich mit dem Ort und mit dem Ruhrgebiet verbinde.

Das Leben im Ruhrgebiet wird geprägt von dem starken Miteinander – von einer sehr kooperativen Grundstimmung und einer sehr, sehr großen Vielfalt. Und das ist Vielfalt in kultureller Hinsicht, in den Menschen, in den verschiedenen Nationen, die sich hier über die letzten Jahrhunderte zusammengefunden haben. Und das ist das, was das Leben im Ruhrgebiet so spannend macht: die sehr große Vielfalt dieser Region. Ich hoffe, dass es in naher Zukunft noch spannender wird – wenn das Ruhrgebiet eine echte Hightech-Region geworden ist.

WISSENSCHAFTLER

„

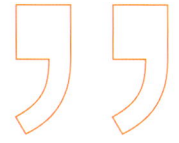

International sehe ich ein großes Defizit in der Außenwahrnehmung dieser spannenden, hochinteressanten und wirtschaftlich eigentlich starken Region.

Inzwischen sind wir eine Hightech-Region – vielleicht ohne dass uns das selbst bewusst ist.

Der Wechsel von Erlangen ins Ruhrgebiet hat mir nochmal so viele Impulse und eine ganz neue Sichtweise auf die Dinge gegeben.

Wir haben inzwischen ein enormes Potenzial an Wissen, einen richtig starken Grundstock an klassischer Industrie und zunehmend neue Unternehmen, die nachziehen. Das ist aus meiner Sicht noch nicht als Grundstimmung im Ruhrgebiet angekommen.

Die Wissenschaft muss hier ein Zugpferd sein, um den Menschen in der Region Zukunftsperspektiven aufzuzeigen.

Für mich symbolisiert dieser Ort das, was die Wissenschaft machen soll: neue Themen aufgreifen und helfen, diese bis zur industriellen Reife zu bringen.

"

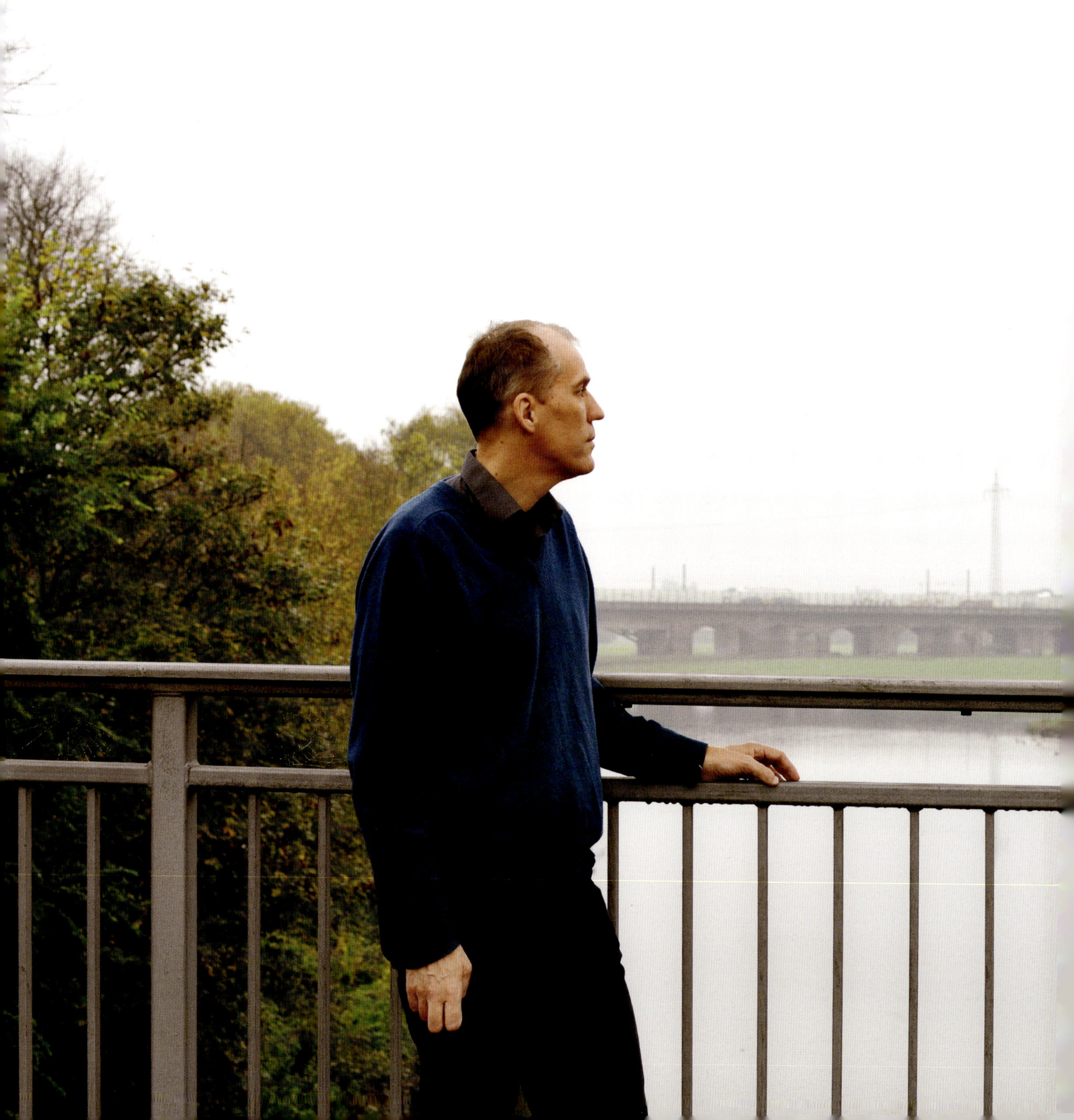

WISSENSCHAFTLER

Axel Lorke

Kolkerhof-Brücke, Stadtgrenze Duisburg und Mülheim an der Ruhr

Prof. Dr. Axel Lorke wurde 1961 in Wuppertal geboren und lebt seit 2000 im Ruhrgebiet. Er ist Professor für Experimentelle Physik an der Universität Duisburg-Essen.

Die Kolkerhofbrücke oder auch Schwiesenkampbrücke ist eine Stahlbogenbrücke für Fußgänger und Fahrradfahrer über den Ruhrschiffahrtskanal und wurde 1996 fertiggestellt. Sie gehört als eine von sechs Brücken zur Brückenlandschaft Ruhraue, die Teil der Route der Industriekultur ist.

Ich wusste, wie das Ruhrgebiet ist und wie der Menschenschlag hier ist. Und der hat mir eigentlich immer schon gut gefallen.

Das Ruhrgebiet ist im Ausland nicht bekannt. Was seine Vor- und Nachteile hat.

Die besonderen Chancen und Möglichkeiten für die Wissenschaft im Ruhrgebiet liegen in der Dichte der Forschungsinstitute. Und ich habe den Eindruck, dass die verschiedenen Akteure durchaus auch gerne zusammenarbeiten.

Es wird vielleicht auch Zeit, dass die Forschungsförderung sieht, dass das Ruhrgebiet dicht vernetzt ist.

Wohin man guckt, sieht man die Industriekulturlandschaft. Ein Wort, das ich sehr mag: Industrie-Kultur-Landschaft.

Das ist nicht untypisch für das Ruhrgebiet: ‚Gut gemeint, aber nicht so richtig geschafft.' Und da bin ich der Meinung, das Ruhrgebiet sollte vielmehr aus einer Grundhaltung der Stärke auftreten.

Heimat klingt für mich nach Schlagerparade, nach Hitparade. Ich würde eher sagen, wo fühle ich mich zuhause.

Ich liebe die Art, wie die Menschen hier miteinander umgehen.

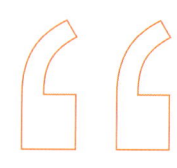

Kolkerhof-Brücke, Stadtgrenze Duisburg und Mülheim an der Ruhr

Es ist ein verwunschener Weg, den man hier entlang kommen muss, bis man diesen Ort findet, obwohl er absolut zentral liegt. Aber man muss, um auf diese Brücke hinaufzukommen, sehr verwinkelte Wege fahren oder gehen. Und so war es eben auch das erste Mal, als ich hier entlang fuhr. Ich wusste gar nicht, wo ich hier mit meinem Fahrrad rumradeln würde, und es war dann so ein bisschen abenteuerlich. Ich kenne diesen Ort sehr gut, weil wir hier sehr oft mit unseren Rädern am Wochenende „ins Grüne" fahren. Und dieser Punkt, diese Brücke, ist der Ort, an dem wir nicht nur unmittelbar wieder zurück am Ortseingang von Duisburg sind, sondern hier beginnt wieder die bebaute Landschaft, hier fängt ein Wohngebiet an. Das ist dann für mich schon: „Aha, jetzt sind wir wieder zu Hause." Heimat klingt für mich nach Schlagerparade, nach Hitparade. Ich würde eher sagen, wo fühle ich mich zuhause.

Ich denke schon, dass dieser Ort sehr viel über das Ruhrgebiet als Region aussagt. Diese Brücke wurde in den 1970er Jahren in Pseudo-Regenbogenfarben angemalt. Vielleicht ein etwas gut gemeinter, aber misslungener Versuch, die Industrielandschaft hier etwas aufzuhübschen. Das ist nicht untypisch für das Ruhrgebiet: „Gut gemeint, aber nicht so richtig geschafft." Als ich der Münchener Dekanatssekretärin gesagt habe, dass ich einen Ruf nach Duisburg annehme, kam von ihrer Seite: „Ist aber sehr schön grün dort." Dass man sich beinahe dafür entschuldigen muss, dass man aus dem Ruhrgebiet kommt, ist mit diesem Zitat auf den Punkt gebracht. Und dieses „Ist aber schön grün dort" ist aber genau das, was man hier sieht: Wir sehen hier viele Felder und grasende Schafe, wir haben gerade eine Schar Wildgänse gesehen, ich glaube, es waren eben sogar zwei Kraniche da, dann hier ein Haubentaucher, ein Arm der Ruhr fließt hier unten lang. Das ist das, was der Ruhrgebietler unter „Komm, wir gehen ins Grüne" versteht. Man sieht aber natürlich auch die Industriekulturlandschaft. Ein Wort, das ich sehr mag: Industrie-Kultur-Landschaft, in einem Wort. Man steht auf einer Brücke, man sieht viele andere Brücken. Die Brücken, die man sieht, sind sogar ein Teil der „Route Industriekultur" und sie bilden zusammen eine „Brückenlandschaft". Wenn man dort unter der Brückenlandschaft noch ein Stückchen weitergeht, ist ein weiteres tolles Stück Industriekultur zu sehen, nämlich ein fast einhundert Jahre altes Wasserkraftwerk. Dieser Kontrast, den man überall findet, der ist hier so ein bisschen auf den Punkt gebracht. Die Verbindung aus Natur, Industrielandschaft, Straße und Wasser ist hier gewissermaßen konzentriert.

Ich liebe die Art, wie die Menschen hier miteinander umgehen. Ich mag es, wie vielfältig die Menschen sind. Es ist außerordentlich angenehm, wenn man ins Ruhrgebiet zieht, in eine Gegend zu ziehen, wo eigentlich jeder ein Zugereister ist. Es gibt ja andere Gegenden in Deutschland, in denen man als Fremder gilt, wenn die Familie nicht seit mindestens drei Generationen dort gelebt hat. Auch Großstädte vermitteln manchmal diesen Eindruck. Und das ist natürlich etwas, das im Ruhrgebiet ganz wunderbar ist: Es ist ein „Schmelztiegel" von Menschen, Kulturen und unterschiedlichen Lebensweisen, der mir einfach gefällt.

So sollte das Ruhrgebiet vielmehr aus einer Grundhaltung der Stärke auftreten, und nicht aus dieser Grundhaltung: Man muss sich ein bisschen entschuldigen, dass man aus dem Ruhrgebiet kommt, und man hat deshalb den Anspruch, auch besonders lieb behandelt zu werden.

Im Ausland ist das Ruhrgebiet nicht bekannt. Man kennt Berlin, man kennt München, man kennt Hamburg, man kennt Frankfurt, man kennt vielleicht noch Köln und Düsseldorf. Da ist das Ruhrgebiet ein „Nicht-Bild". Das hat seine Vor- und Nachteile. Man kann hier Leute überraschen, indem man ihnen sagt, wie viele Menschen hier wohnen, was hier los ist. Man braucht auch nicht immer gleich zu erklären, dass es ja gar nicht so schlimm im Ruhrgebiet ist, weil die Leute mit dem Ruhrgebiet überhaupt nichts verbinden und deshalb auch erstmal neugierig sind.

Die besonderen Möglichkeiten für die Wissenschaft im Ruhrgebiet liegen in der Dichte der Forschungsinstitute. Wir haben viele Universitäten hier, viele Fachhochschulen. Wir haben viele Forschungsinstitute: Max-Planck, Fraunhofer usw. Und ich habe den Eindruck, dass die verschiedenen Akteure durchaus auch gerne zusammenarbeiten. Ich weiß nicht, ob das besser oder schlechter ist als in anderen Gebieten, aber wenn man beispielsweise um Duisburg einen Kreis von, sagen wir mal, siebzig Kilometern schlägt, dann ist das doch einiges mehr, als wenn man um München einen Kreis von siebzig Kilometern schlägt. Und das ist die große Chance. Dazu gehört wiederum, dass das Ruhrgebiet endlich mal die Ärmel hochkrempelt und ein vernünftiges Nahverkehrssystem aufbaut. Ich träume immer noch von einer schnellen S-Bahn, die im Kreis fährt: Düsseldorf, Duisburg, Essen, Bochum, Dortmund. Und dann hinten über Wuppertal wieder zurück nach Düsseldorf. Das ist deutlich mehr als das Ruhrgebiet, aber da sollten ständig alle drei Minuten Bahnen einmal rechtsherum, einmal linksherum fahren im Kreis. Das wäre viel, viel besser als irgend so eine Magnetschwebebahn. Ich bin ein großer Freund der Universitätsallianz Ruhr, habe auch schon von Berliner Kollegen neidvolle Kommentare gehört zu dieser Einrichtung und hoffe, dass wir dadurch immer näher und enger zusammenrücken.

„Wir wohnen nicht im Koordinatensystem" – Zur lebensweltlichen Bedeutung von Orten aus philosophischer Perspektive

Annika Schlitte

„To be at all – to exist in any way – is to be somewhere, and to be somewhere is to be in some kind of place." Das Zitat des amerikanischen Philosophen Edward Casey scheint eine Selbstverständlichkeit auszudrücken: Wo immer wir sind, wir befinden uns stets an einem identifizierbaren Ort. Der Ort ist so lebensnotwendig wie die Luft, die wir atmen, und dennoch denken wir selten über ihn nach – das ist die Botschaft von Caseys Untersuchungen, die uns in Erinnerung rufen sollen, dass wir besser verstehen, wer wir sind und was wir sind, wenn wir darüber nachdenken, wo wir sind. Warum es sich aus philosophischer Perspektive lohnen könnte, diesem Denkanstoß zu folgen, will ich im Folgenden zu umreißen versuchen.

„Und wo kommen Sie ursprünglich her?" – ist eine Frage, die wohl jeder schon einmal beantworten musste, und die beim Small Talk neben der unvermeidlichen Erkundigung nach dem Beruf die Funktion erfüllt, die Einordnung des jeweiligen Gegenübers zu erleichtern. „Ach, Sie kommen auch aus Dortmund…" – und der Anfang ist gemacht. Woher wir kommen und wo wir gerade wohnen; das sind Fragen, die unsere Identität ähnlich bestimmen wie unsere Lebensgeschichte. Oft können wir die wichtigen Stationen unseres Lebens mit bestimmten Orten in Verbindung bringen, Erinnerungen und Beziehungen knüpfen sich an sie. Orte sind dabei immer besondere Orte, und deswegen scheint es auf den ersten Blick schwer vorstellbar, dass sich über Orte als solche oder gar den Ort im Allgemeinen überhaupt etwas aussagen lässt. Es wäre daher nicht verwunderlich, wenn die Philosophie sich zu diesem Thema eher bedeckt hielte, das doch viel zu konkret und auch diffus erscheint, als dass sie in ihrer Suche nach allgemeinen Prinzipien etwas dazu beitragen könnte. Und überhaupt: Wissen wir nicht alle, was ein Ort ist?

Zum Begriff

Fragt man nach der historischen Entwicklung der Wortbedeutung im Deutschen, so bietet das Ruhrgebiet hier reichlich Material. Dabei bezeichnet „Ort" im Althochdeutschen nicht nur die Spitze, z.B. einer Waffe, sondern auch eine Landschaftsformation, die wie eine Spitze aussieht – eine Landzunge, die sich ins Wasser schiebt, wie es beispielsweise an der Mündung der Ruhr in den Rhein der Fall ist, die Duisburg-Ruhrort zu seinem Namen verhalf. Die Spitze oder der äußerste Punkt ist es auch, was in der Bergmannssprache „Ort" genannt wird, nämlich der äußerste Vorstoßpunkt beim Abbau in einem Stollen. Heute ist es vor allem die menschliche Siedlung, die als „Ort" oder „Ortschaft" bezeichnet wird.

Will man aus der Wortgeschichte etwas über den Bedeutungsgehalt von Ort ableiten, so könnte man festhalten, dass mit diesem Wort eine exponierte Stelle im Raum bezeichnet wird. Diese Stelle hat zwar eine Ausdehnung, die aber in ihrer Bedeutung bei Orten stets stark begrenzt bleibt. Wer von einem Ort spricht, meint damit zunächst keine ausgedehnte Fläche, sondern eine Einheit, die sich an einer bestimmten Stelle punkthaft konzentriert. Doch ist der Ort auch kein bloßer Punkt, dem keine weiteren Eigenschaften außer seiner Position im Raum zukommen könnten. Vielmehr scheint es sich um eine besondere Stelle zu handeln, die nicht mit anderen einfach austauschbar ist. Wie Otto Friedrich Bollnow betont, können wir den Platz tauschen, aber nicht den Ort. Der Ort scheint etwas Festes zu sein, während wir uns durch den Raum von Ort zu Ort bewegen. Auch scheint ihm eine gewisse Dauer in der Zeit zu eignen, während ein bloßer Punkt keine solche besitzt.

Raum und Zeit als Themen der Philosophie

Hat man das begriffliche Feld einmal derartig umrissen, ist auch leichter zu sehen, was die Frage nach dem Ort eigentlich mit der Philosophie zu tun hat. Raum und Zeit sind schließlich nicht erst seit gestern zentrale Themen der Philosophie. Schon die antiken Naturphilosophen, die über die grundlegenden Bestandteile der Welt nachdachten, stellten Überlegungen an, die uns als klassische philosophische Rätsel heute noch reizen: Hat die Welt einen Anfang in der Zeit oder ist sie ewig? Ist das Universum räumlich begrenzt oder unbegrenzt? Kann es einen leeren Raum geben oder ist das ganze Universum mit Teilchen gefüllt? Hat der Raum eine eigene Realität jenseits der in ihm enthaltenen Dinge oder besteht er nur in der relativen Anordnung der Dinge zueinander? Spätestens seit Kant hat sich die moderne Philosophie daran gewöhnt, in diesen Fragen ein Problem des Denkens selbst zu sehen. Der Raum, so lehrt uns Kant, ist keine Eigenschaft der Welt, sondern eine Form der Anschauung – es ist die Struktur unseres Erkenntnisapparates, die uns die Welt räumlich erfahren lässt. Alles, was wir auf dieser Welt wahrnehmen, nehmen wir als etwas Räumliches und in der Zeit Ablaufendes wahr. Räumlichkeit gehört zu den Bedingungen unserer Erkenntnis und ist darum etwas, was wir selbst nicht wahrnehmen können – Raum als solcher kann nie Gegenstand der Erfahrung werden. Gleichwohl kann man mit diesem abstrakten Raum in den empirischen Wissenschaften alle möglichen Operationen anstellen – man kann ihn messen, berechnen, transformieren… Für unsere Alltagswahrnehmung haben die Wandlungen der philosophischen und naturwissenschaftlichen Theorien jedoch kaum Auswirkungen. Wir stellen uns „den Raum" auch nach den Erkenntnissen der Relativitätstheorie noch als eine große leere Schachtel vor und fahren gut mit dieser Vorstellung. Hat dieses Thema also überhaupt etwas mit uns zu tun?

Die anthropologische Bedeutung des Ortes

Etwas anders sieht es aus, wenn man einen anderen Strang der Philosophiegeschichte verfolgt, der auch sehr früh in Erscheinung getreten ist und der sich vor allem mit dem Ort des Menschen innerhalb dieses Raumes befasst. Die griechische Kosmologie, wie sie beispielsweise bei Aristoteles entwickelt wird, bemüht sich darum, dem Menschen in der Gesamtheit der Dinge einen Platz zuzuweisen. Dass dies überhaupt notwendig ist und seine Position sich nicht von selbst ergibt, liegt an der immer wieder betonten Sonderstellung des Menschen. Wir sind, schon in der Vorstellung vieler antiker Philosophen, Zwischenwesen, die auf dieser Welt nicht zuhause sind. Die gesamten Bemühungen der Anthropologie als Lehre vom Menschen seit der Antike bis heute lassen sich deshalb als eine Suche nach dem Ort des Menschen verstehen, der offenbar nicht von selbst weiß, wo er hingehört.

Für die moderne philosophische Anthropologie, die nicht mehr von der Gewissheit der Schöpfungsordnung oder von einem geordneten Kosmos ausgeht, stellt sich die Frage nach dem Ort des Menschen in einer neuen Dringlichkeit. Die Geborgenheit im Zentrum der Welt, die das Denken der griechischen Antike anbieten konnte, hat der moderne Mensch verloren, so dass ein Autor wie Georg Lukács Anfang des 20. Jahrhunderts von einem Zustand „transzendentaler Obdachlosigkeit" spricht. Der Mensch ist zwar frei, sich seinen Platz in der Welt zu suchen, aber er ist auch ort-los, in dem Sinne, dass dieser Platz in der Welt nicht durch seine Natur vorbestimmt ist. Die „Stellung des Menschen im Kosmos" (Scheler) ist keine vorgegebene, sondern eine zu suchende. Angesichts dieser Problemlage in der Anthropologie ist es kaum verwunderlich, dass das Thema Ortssuche auch auf der Ebene der individuellen Biographie ein wichtiges Thema ist. Einen Platz in der Welt finden – von dieser Aufgabe handeln letztlich alle Bildungsromane, und spätestens hier deutet sich an, inwiefern das Nachdenken über Orte für unser eigenes Leben von Bedeutung sein könnte.

Ort als Weltzugang: Neuere Ansätze

Wie eine Reihe von Philosophen und Kulturwissenschaftlern in jüngerer Zeit betont, hat der Ort eine fundamentale Bedeutung für unser Selbstverständnis und für unseren Zugang zur Welt. Auch unser Denken findet schließlich in der Welt statt und nimmt an einem konkreten Ort seinen Ausgang. Selbst die Kognitionswissenschaften betonen neuerdings, dass unser Gehirn nicht einfach in der Luft hängt, sondern leiblich und situativ in der Welt verankert ist. Wenn in Bezug auf das Leben des Einzelnen von Orten die Rede ist, muss jedoch etwas anderes gemeint sein als der leere Raum der Newtonschen Physik und auch die Position des Menschen in einem kosmologischen Gesamtsystem. Der verbleibende Teil des Textes wird sich daher der Philosophie des lebensweltlichen Ortes zuwenden und dabei vor allem zwei

Aspekte betonen: die (leibliche) Erfahrbarkeit von Orten und die Eigenschaft von Orten, als Sinneinheiten zu fungieren.

(Leibliche) Erfahrung von Orten

In einem Koordinatensystem kann man nicht wohnen, schreibt Jeff Malpas, und macht damit darauf aufmerksam, dass für unsere Lebenswelt der neutrale, messbare, leere Raum der neuzeitlichen Physik keine große Bedeutung hat. Wir erfahren den Raum nicht als homogen und neutral, sondern in unserer Erfahrung erweist sich der Raum als qualitativ gegliedert und perspektivisch erschlossen. Diese lebensweltliche Raumerfahrung rückt nun in der philosophischen Strömung der Phänomenologie seit Anfang des 20. Jahrhunderts ins Zentrum des Interesses. Mit der Erinnerung an die Unterschiede zwischen der alltäglichen Erfahrung des Raumes und den Abstraktionen des Raumes, mit denen die Naturwissenschaften operieren, verbinden die betreffenden Autoren eine Kritik an der Dominanz der Naturwissenschaften für unser Weltbild. Nähe und Ferne, Heimat und Fremde sind Strukturierungen unserer Umgebung, die nicht mit quantitativen Methoden eingeholt werden können.

Weil wir leibliche Wesen sind, erleben wir den Raum nicht als abstrakte messbare Entität, sondern, ausgehend von dem Standort unseres Körpers, wir gliedern wir ihn gemäß den Einteilungen, die uns durch unsere eigene leibliche Verfassung vorgegeben sind. So unterscheiden wir rechts und links, oben und unten, vorne und hinten im Alltag unter Bezug auf unsere eigene Position im Raum, ja unabhängig von unserem Standort machen die Beschreibungen „rechts" und „links" überhaupt keinen Sinn. In diesem so gegliederten Erfahrungsraum, den die phänomenologische Philosophie in Abgrenzung zum quantifizierbaren Raum der Naturwissenschaften „erlebten" oder „gelebten" Raum nennt, spielen qualitativ ausgezeichnete Orte als Einheiten im Raum eine wichtige Rolle. Diese Einheiten werden leiblich erfahrbar, wenn wir uns durch den Raum bewegen, und verbinden sich oft mit einer bestimmten Stimmung oder Atmosphäre. In der Antike drückt sich diese Erfahrung in der Vorstellung eines genius loci aus, der einen Ort gleichsam durchtränkt und ihm sein individuelles Gepräge gibt. Besonders deutlich ist die affektive Wirkung von Orten im Bereich der Religion zu sehen, wenn bestimmte Stellen in der Landschaft als „heilige Orte" ausgezeichnet und mit religiösen Bauten wie Tempeln versehen werden. Dabei geht die menschliche Bautätigkeit eine enge Verbindung mit der Landschaft und den örtlichen Gegebenheiten ein, wodurch der Charakter eines Ortes sich im besten Fall noch mehr verdichtet. Gerade für die Architektur spielt daher die Frage nach dem Ortsbezug eine wichtige Rolle. Nicht zufällig greifen Philosophen wie Heidegger, die dem Ort in ihrem Denken einen wichtigen Platz einräumen, immer wieder auf das Beispiel von Bauwerken zurück, um zu verdeutlichen, was einen Ort ausmacht. Heidegger beschreibt z.B., wie eine Brücke den Ort, an dem sie steht, erst als solchen erkennbar macht, indem sie ihn markiert: Erst durch die Brücke erscheinen die Ufer als Ufer, erst durch sie wird eine bestimmte Stelle am Lauf des Flusses als ein Ort sichtbar gemacht.

Diese Funktion der Markierung von Orten, die ein Bauwerk ausüben kann, macht sich auch die Kunst zunutze, die sich im 20. Jahrhundert unter dem Schlagwort der „site-specific art" ebenfalls mit der Bedeutung des Ortes auseinandersetzt. Skulpturen, die nicht mehr nur im neutralen „white cube" des Museums ausgestellt sind, sondern im öffentlichen Raum lokalisiert sind, treten mit ihrer Umgebung in Beziehung und tragen dazu bei, einen Ort als solchen sichtbar und neu erfahrbar zu machen. Die Landmarken, die das Ruhrgebiet seit der Internationalen Bauausstellung Emscher Park (IBA) durchziehen und die in der Ausstellung „Kunst setzt Zeichen" der Ludwiggalerie Schloss Oberhausen vorgestellt wurden, machen sich dies zunutze und lenken die Aufmerksamkeit auf markante Punkte in der Landschaft, die durch den Bergbau entstanden sind, aber nun als Kunstorte ein Eigenleben führen. Halden, Fördertürme und Hochöfen werden durch die Interventionen der Künstler als Orte in Erinnerung gerufen, die nun anders erfahren und erlebt werden können. Durch eine Fahrradroute verbunden und mit sorgfältig angelegten Wegen erschlossen, laden diese Landmarken dazu ein, leiblich erfahren und erlebt zu werden. Der Besucher wird aufmerksam gemacht auf die Stimmung und die Atmosphäre eines Ortes, die wesentlich dadurch bestimmt wird, wie sich der Mensch in ihm bewegen und positionieren kann.

Orte als Bedeutungsträger

Neben dieser leiblichen Erfahrbarkeit von Orten betont die Philosophie des Ortes aber auch die Dimension der Bedeutung. Unter Rekurs auf Heidegger spricht Edward Casey von einer „versammelnden" Kraft von Orten. Damit ist gemeint, dass Orte als Einheiten wahrgenommen werden, an denen sich eine bestimmte Bedeutung konzentriert. Orte sind aus dieser phänomenologischen Perspektive daher nicht nur bloße physikalische Gegebenheiten, sondern Sinn-Einheiten, die eine Bedeutung haben – eine kulturell geteilte und/oder individuelle. So überlagern sich an einem Ort wie beispielsweise der Zeche Zollverein in Essen individuelle Erinnerungen der ehemaligen Zechenarbeiter mit der Bedeutung der Zeche als Symbol für einen bestimmten Abschnitt in der Geschichte der Industrialisierung, und beides wird am Ort erfahrbar. Orte versammeln Erinnerungen, Geschichten, Traditionen, symbolische Bedeutungen, aber schließlich auch Dinge und Menschen.

Von hier aus lässt sich noch einmal zurückkommen auf die zuvor angedeutete anthropologische Bedeutung von Orten. Wir sind immer an einem Ort, ob wir wollen oder nicht. Aber ist es dann nicht völlig egal, an welchem Ort wir sind? In gewisser Weise ist das so – ob ein Ort für unser Leben eine wichtige Rolle spielt, hängt von den Erfahrungen ab, die wir an ihm machen und lässt sich nicht aus einem Set von Eigenschaften ableiten. Doch scheinen bestimmte Orte auch bestimmte Erfahrungen und Verhaltensweisen nahezulegen, so dass es leichter und schwerer sein kann, mit einem Ort in Beziehung zu treten.

Dies fängt schon bei einfachen Dingen wie der Zugänglichkeit eines Ortes an. Solange die Spuren des Bergbaus im Ruhrgebiet nach Schließung der Zechen einfach getilgt wurden, solange gab es auch für bestimmte Erinnerungen keinen Ort. Sich in dem ehemaligen Werksgelände zu bewegen, ermöglicht auch eine andere Form der geistigen Auseinandersetzung mit und eine andere affektive Beziehung zu dem, was an diesem Ort stattgefunden hat. Mit der Markierung einer Halde durch eine Skulptur wird es möglich, mit einem Ort in Beziehung zu treten, der zuvor als solcher vielleicht weniger ins Bewusstsein getreten wäre.

Wenn ein Ort selbst völlig austauschbar und ohne Beziehung zu seiner Umgebung erscheint, ist das Entstehen einer solchen Beziehung möglicherweise schwieriger. Vor diesem Hintergrund ist auch die Klage über die Dominanz der „Nicht-Orte" zu verstehen, die sich mit dem gleichnamigen Werk des französischen Ethnologen Marc Augé verbindet. Gesichtslosen Transitorten wie Flughäfen, Autobahnen und Parkplätzen scheinen die Anhalts- und Reibungspunkte zu fehlen, an denen eine Beziehung ihren Ausgang nehmen könnte. Es ist ein Trugschluss zu glauben, dass man sich überall zuhause fühlt, wenn nur erst alles gleich aussieht. Insofern beinhaltet die Philosophie des Ortes auch eine Kritik an bestimmten Egalisierungstendenzen der Moderne. Schließlich ist die Frage nach der Bedeutung des Ortes in einem Zeitalter großer Flüchtlingsströme und verstärkter beruflicher Mobilität möglicherweise von größerer Bedeutung als zuvor. Ob das Heimischwerden in einer neuen Umgebung gelingt, liegt nicht zuletzt auch daran, ob eine Beziehung zu einem Ort aufgebaut werden kann, ob ich in der Stadt, in die ich ziehe, Winkel, Ecken, Straßen und Plätze finde, die mir etwas sagen, die mich anziehen oder auch herausfordern. Das Bedürfnis nach einem Ort ist immer das Bedürfnis nach einem besonderen Ort, der aber für den Einzelnen ein je verschiedener sein kann.

Für beides, die Vielfalt individueller Ortsvorlieben wie das allgemeine Bedürfnis nach Verortung, liefern die Beispiele in diesem Band das beste Anschauungsmaterial.

Dr. phil. Annika Schlitte studierte von 2001 bis 2006 Philosophie und Deutsch an der Ruhr-Universität Bochum. Dort promovierte sie 2010 in der Philosophie mit einer Arbeit über „Die Grundlegung von Georg Simmels Symbolphilosophie in der Philosophie des Geldes". Seit 2011 ist sie wissenschaftliche Mitarbeiterin am Lehrstuhl für Philosophie an der KU Eichstätt-Ingolstadt und seit Juni 2013 Sprecherin des dortigen Graduiertenkollegs „Philosophie des Ortes". Ihre Forschungsinteressen umfassen Kulturphilosophie, Phänomenologie und Hermeneutik.

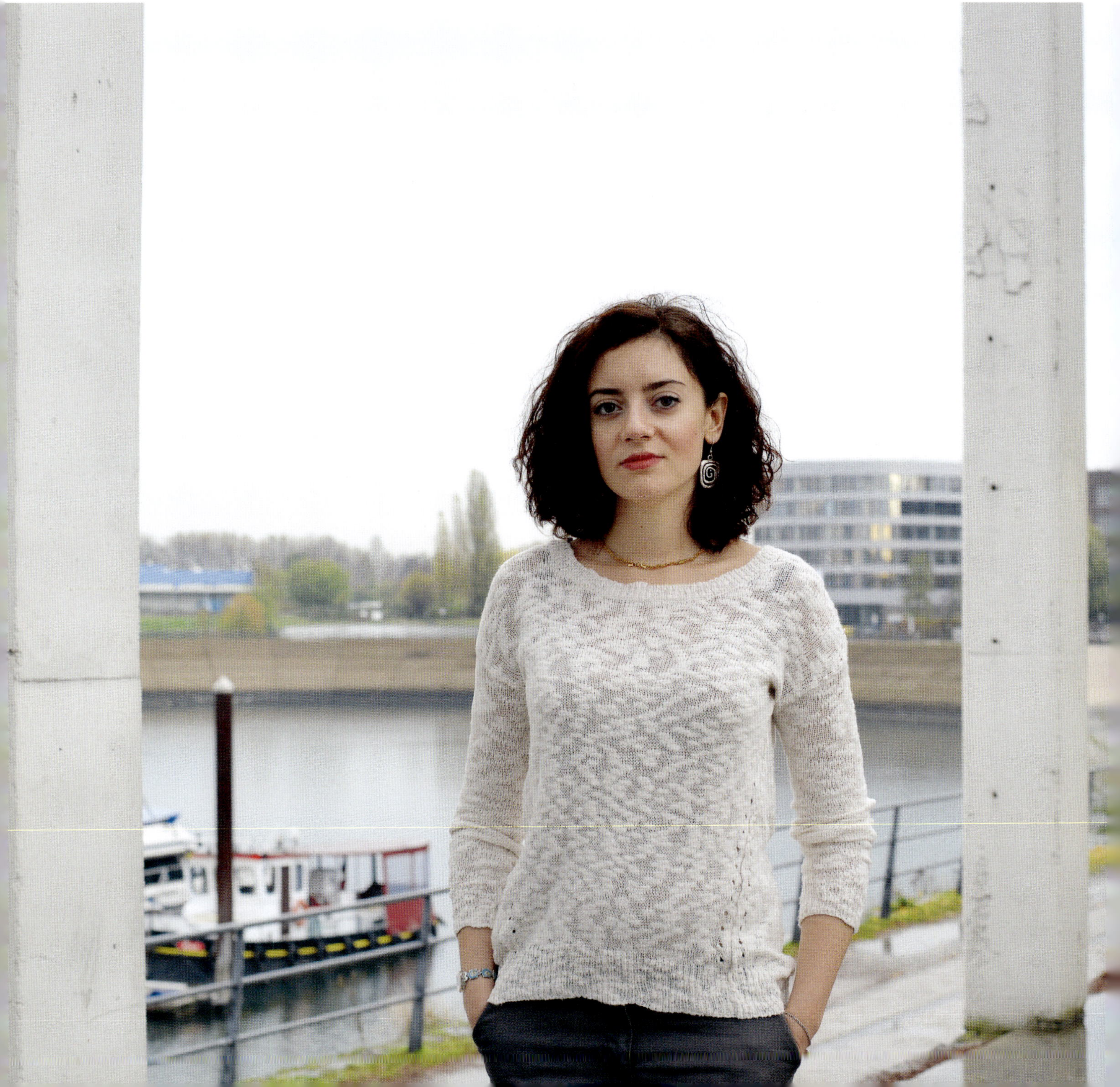

GEWINNER FOTOWETTBEWERB

Svitlana Orlova

Ludwigforum, Duisburg

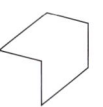

Svitlana Orlova wurde 1989 in Simferopol geboren und lebt seit 2011 im Ruhrgebiet.

Die ehemalige Lagerhalle der Firma Allgemeine Land- und Seetransport AG Herman Ludwig wurde im Zuge der Umgestaltung des Duisburger Innenhafens 1999 zu einem Teil des von Dani Karavan entworfenen „Garten der Erinnerung", der den Besucher auf die ehemalige Nutzung dieses Teils des Innenhafens hinweisen will. Der Garten und die künstlichen Ruinen in ihm werden abends durch eine Lichtinstallation der Paner Belzner und Hofmann zum Leben erweckt.

Ruhr-Hafen, Duisburg

Dort, wo ich mich zu Hause fühle. Es ist Abend. Zwanzig Uhr. Ende Mai. Ich bin wieder hier. Hier, wo ich mich wie zu Hause fühle. Irgendwo in der Ferne ertönen dumpfe und rhythmische Klänge einer modernen Musik. Hier riecht es nach Meer. Ich lausche dem leisen Blätterrauschen irgendwo in der Nähe und stelle mir vor, wie die Blätter der Bäume, dem warmen und ruhigen Wind gehorchend, zu einem mir unbekannten Rhythmus tanzen. Ich komme immer gerne hierher, um wieder zu Hause zu sein. Ich mache die Augen zu und das Ufer der Ruhr in Duisburg verwandelt sich rasch in die Wasseroberfläche des Schwarzen Meeres. Ein schmaler Weg, der mich von dem Ufer trennt, wird plötzlich zu einer Promenade einer meiner Lieblingsstädte an der Küste. Dort promenieren abends prächtig gekleidete Urlauber, Touristen mit riesigen abgewetzten Rucksäcken auf ihren sonnengebräunten Rücken und gewöhnliche Passanten, die, ohne die Schönheit des abendlichen Spazierganges an der Meeresküste zu bemerken, rasch vorbeisausen mit dem Ziel, diesen Teil des Weges so schnell wie möglich hinter sich zu bringen, um dann ihre Ruhe fern von dem Stadtgetümmel zu genießen.

Ich mache meine Augen auf. Die abendliche Ruhr schaut mich an. In ihren Gewässern spiegelt sich das Licht aus den Fenstern der mehrstöckigen, modernen, silberfarbigen Gebäude wider, die sich mächtig auf der anderen Seite des Flusses erheben. Ich fühle mich hier angenehm und geborgen, gleich wie zu Hause. Alte und moderne Segelboote schaukeln ruhig auf dem stillen bläulichen Wasser. Ein starker Windzug, und die Segelboote zittern und quietschen schon auf der unruhig gewordenen Wasseroberfläche. Es scheint fast, als würden sie sich bald von den festen und dicken Seilen, die sie festhalten, befreien und sich flusswärts auf den Weg zu neuen Abenteuern machen. Wieder. Wie früher. So, wie es die Segelboote in meiner Heimat tun. Dort, unter der Führung eines erfahrenen Steuermannes, begeben sich die Boote auf die langen Reisen in die Meerestiefe des Schwarzen Meeres. Im Sommer und im Winter. Morgens und nachts. Es wird wieder still. Und nun dösen diese Segelboote friedlich in der Abenddämmerung und träumen ruhig von ihren unvergesslichen Reisen durch die fernen Meere und brausenden Ozeane.

Ich komme oft hierher, wenn ich meine Heimat vermisse. Das Ufer in der abendlichen Stunde sieht unbeschreiblich schön aus. Hier werden die dunklen Gewässer der Ruhr mit dem mehrfarbigen Licht der angrenzenden Lokale und Gebäude zu einer mehrfarbigen Sinfonie gemischt oder eher zu einer abstrakten Lichtmalerei, die schwer mit der Vernunft aufzufassen, aber leicht mit dem Herzen wahrzunehmen ist.

Ich habe meinen Lieblingsort an der Ruhr. Der Ort, der für mich eine einzigartige und vielleicht auch eine sakrale Bedeutung hat. Ich sitze oft neben einem halb zerstörten, abgeschabten Gebäude, das mit seinem Betonboden und seinen großen schneeweißen Säulen umher für einen gewöhnlichen Passanten nicht besonders anziehend wirkt. Für mich ist es aber mehr als nur ein eingestürztes, altes Gebäude. Mit einem aufmerksamen Blick diese architektonische Konstruktion streichelnd, denke ich, dass es wie die halb zerstörten Ruinen einer antiken Stadt aussieht oder wie ein antiker griechischer Tempel. Wenn ich bei diesem improvisierten Tempel sitze, denke ich oft an meinen Heimatort und an die antiken Griechen, die in diesem Bau ihre Tänze, Theateraufführungen, Zeremonien oder Rituale durchführen könnten. Diesen Betonboden könnten starke und kräftige Männer und schöne und schlanke Frauen betreten. Die Atmosphäre umher wird langsam mit den glasklaren Tönen griechischer Volksmusik gefüllt. Ich sehe, wie der Wind ihre weißen, federleichten, fast durchsichtigen Kleider bauscht und höre den Klang der nackten Füße auf dem Boden.

Ich bin immer noch hier, ich sitze fast am Ufer der Ruhr in Duisburg, neben einem halbzerstörten Betongebäude. So sehen es vielleicht manche Passanten, die vor dem Schlaf nachdenklich ihre letzte Runde die Ufer entlang drehen. Ich aber habe das Gefühl, ich bin nicht hier, sondern dort, auf der Krim, an der Schwarzmeerküste, wo ich ganz gemütlich neben den Ruinen der antiken griechischen Stadt Hersones sitze, die sehr nah bei der Küstenstadt Sewastopol liegt. Wie herrlich ist es, dass es einen Ort auf dieser Erde gibt, wo man sich wie zu Hause fühlt, denke ich und lausche den weitentfernten Rhythmen einer modernen Musik. Es riecht wieder nach Meer.

GEWINNER FOTOWETTBEWERB

„

Es gibt die Gedanken, die für meine Vergangenheit besonders wichtig sind, zum Beispiel mein Heimatort oder meine Eltern oder meine Familie. Und das ist ein Teil von mir, weil es immer in meinem Herzen ist. Das gehört zu mir, das bin ich eigentlich.

Ich glaube, dass das innere Glück immer mit uns in unserem Herzen ist. Und das heißt, dass Heimat überall sein kann.

Ich verstehe nicht, warum die Menschen hier einfach so vorbeilaufen, sie merken gar nicht, was für eine Schönheit das ist. Ich weiß, dass das ein zerfallenes Gebäude ist, aber man kann das anders betrachten und man kann für eine Weile vor diesem Gebäude stehen und einfach miterleben, was es sein könnte.

Man weiß nicht, dass die Krim eine multikulturelle Gegend ist. Es gibt so viele verschiedene Nationalitäten: Griechen, Franzosen, Italiener, Rumänen, Bulgaren, Krim-Deutsche, Russen, Ukrainer, die die Kultur der Krim bereichern. Viele sprechen unterschiedliche Sprachen. Das ist für mich eine Brücke zu diesem Bundesland, weil hier auch diese multikulturelle Kultur herrscht und Menschen mit ganz verschiedenen Hintergründen leben.

Ich glaube, diese Erinnerungen, diese Gedanken, die bilden deine Identität und gehören schon zu dir. Du musst nicht unbedingt wirklich zu diesem Ort laufen oder dort deine Zeit verbringen. Du kannst immer deine Augen schließen und dann in diesem meditativen Zustand noch einmal zurückkommen.

Ich bin in der Sowjetunion geboren worden, in einem Land, das nicht mehr existiert. Während meines Lebens habe ich in vielen Ländern gelebt. Ich bin in einem Land geboren worden und dann in einem anderen Land aufgewachsen, jetzt wohne ich in einem dritten Land und gehöre zu einem vierten. Wenn ich darüber nachdenke, ist es unglaublich. Das beeinflusst dich.

„

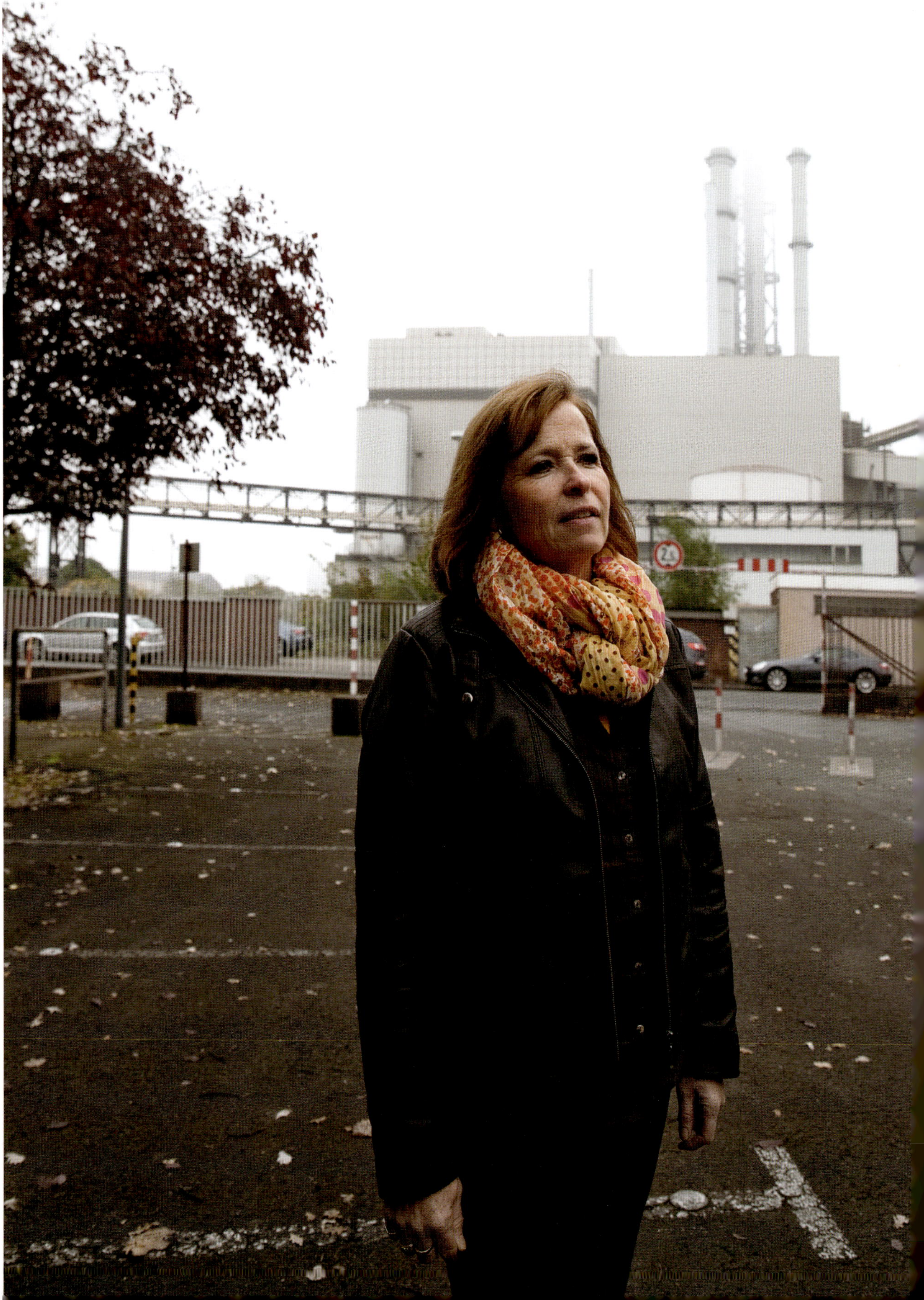

GEWINNER FOTOWETTBEWERB

Brigitte Peters

Stadtwerketurm, Duisburg

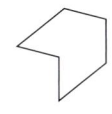

Brigitte Peters wurde 1960 in Düsseldorf geboren und ist bereits kurz nach ihrer Geburt in das Ruhrgebiet gekommen.

Der Stadtwerketurm steht am Rande der Duisburger Innenstadt und besteht aus vier 200 Meter hohen offenliegenden Schornsteinen. Seit 1999 wird er bei Einbruch der Dunkelheit grün angestrahlt. Seit der Stilllegung des Heizkraftwerkes in Duisburg-Hochfeld, mit der der Turm seine technische Funktion verlor, wird über seinen Abriss oder seine mögliche Erhaltung als Denkmal diskutiert.

„

Ich kenne keine Region, die ein vielfältigeres Anbot hat als dieses Konglomerat der vielen Städte hier. Ich finde, der Freizeitwert ist hier sehr, sehr hoch. Und deswegen fühle ich mich wohl. Ich gehöre zum Beispiel zu einem Wanderverein. Wir gehen hier rundherum wandern und entdecken auch immer wieder neue Gebiete, die man gar nicht kennt. Ich wohne schon immer hier, ich bin ja 54 Jahre alt, und trotzdem kenne ich mich nicht in jedem Winkel gut aus.

Weil der Turm überragend ist, sieht man ihn von vielen Verkehrswegen. Und weil er abends angestrahlt ist, und jetzt auch demnächst die Tannenbäume wieder installiert werden, sieht man ihn immer. Dadurch ist er stets präsent.

Es würde mich schmerzen, wenn der Turm nicht mehr da wäre. Aber ich würde es akzeptieren, weil die Stadt Duisburg andere Dinge hat, für die sie ihr Geld ausgeben muss.

Der Turm ist ja mitten in der Stadt, da kann man fast gar nicht dran vorbeigehen, ohne ihn irgendwie mitzunehmen.

Meine Kinder wohnen in Düsseldorf und Köln, also an Rhein und Ruhr. Duisburg ist da so eine Achse zu beiden Seiten.

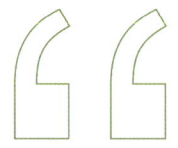

"

Stadtwerketurm, Duisburg

Das von Weitem sichtbare Wahrzeichen der Stadt Duisburg, der Stadtwerketurm, ist für mich gleichzusetzen mit Heimat, denn hier bin ich aufgewachsen, und hier bin ich zur Schule gegangen. Freundschaften sind in naher und entfernter Umgebung entstanden, und mein Elternhaus steht genauso wie der Stadtwerketurm seit nunmehr beinahe fünfzig Jahren unverändert an gewohnter Stelle.

Anfang der siebziger Jahre wechselte mein Vater seinen Arbeitgeber und arbeitete von nun an bei den Stadtwerken Duisburg in unmittelbarer Umgebung des Turms. Manches Mal war er auch im verbundenen Kraftwerk und auch auf oder im Turm tätig. An Wochenenden, wenn mein Vater Bereitschaftsdienst hatte, durfte ich ab und zu mit ihm mitfahren und unter dem Turm bei kleineren Arbeiten „helfen", spielen oder auf dem Hof unter dem Turm ein bisschen Autofahren lernen. Der Stadtwerketurm war damals also schon ein Symbol für Leben und Spaß sowie die Basis für unseren Lebensunterhalt.

Gerne erinnere ich mich an die Installation der grünen Beleuchtung des Turms zum Ende der neunziger Jahre, denn wenn ich nun tagsüber die Stadt verlassen hatte und abends über die Autobahn zurückkehrte, war der grüne Turm schon aus einiger Entfernung zu sehen, und er war ein Signal dafür, dass ich in Kürze wieder zu Hause war. Besonders für meine drei Kinder war der Stadtwerketurm ein Erkennungszeichen, denn da ihr Opa dort arbeitete, war und ist er immer „Opas Turm". Inzwischen wohnten wir in Duisburg-Baerl und bei Besuchen der Großeltern riefen die Kinder im Fond des Autos: „Wer Opas Turm zuerst sieht, hat gewonnen!" Für unsere Familie war das ein Ritual mit hohem Spaßfaktor.

Ein Highlight war für uns alle die Chance, auf Einladung der Stadtwerke Duisburg mit dem Baerler Heimat- und Bürgerverein das Kraftwerk zu besichtigen und auf den Turm zu fahren. Mit dem Aufzug in einer der Röhren ging es also hoch bis auf die Aussichtsplattform, und wir genossen einen atemberaubenden Weitblick über unsere Stadt. Dieses besondere Erlebnis ist bis heute unvergessen. Natürlich fielen unserer Familie Veränderungen der Farbgebung des Turms sofort auf, denn als 2005 im Zusammenhang mit den World Games die Röhren in den Farben blau, rot, gelb und grün leuchteten, war insbesondere bei unserem Jüngsten, damals neun Jahre alt, das Aha-Erlebnis groß. Als fußballbegeisterte Familie haben wir gerne auch die Farbveränderung zu weiß und blau anlässlich des MSV-Bundesligaaufstiegs 2004/05 und 2006/07 gesehen. Eine gute Idee seitens der Verantwortlichen bei den Stadtwerken Duisburg war auch das Aufstellen der beleuchteten Weihnachtsbäume auf der Plattform von „Opas Turm", denn so hatten wir bei Fahrten in der Dämmerung oder in den Abendstunden immer ein weit sichtbares Zeichen für die Adventszeit und somit für das bevorstehende Weihnachtsfest, also für den spannenden Zeitraum, bis manche Herzenswünsche der Kinder vielleicht erfüllt würden.

Auch wenn die Entscheidung über den Rückbau des Stadtwerketurms wegen der vorläufigen Denkmalschutzstellung noch nicht getroffen ist, gehen wir davon aus, dass wir „Opas Turm" nicht mehr lange als unser Wahrzeichen der Stadt sehen werden. Wir haben Verständnis dafür, dass die hohen Summen zur Instandsetzung der Röhren und zur Erhaltung der Landmarke sicherlich für dringende Probleme der Stadt sinnvoller eingesetzt werden müssen. Daher genießen wir den Anblick unseres Turms, solange es noch möglich ist, und werden ihn als Teil unseres Lebens in Erinnerung behalten.

Volker Benksch

Altes Hallenbad, Duisburg-Rheinhausen

Volker Benksch wurde 1960 in Duisburg geboren.

Das städtische Hallenbad in Duisburg-Rheinhausen wurde 1961 eröffnet. 2010 wurde es zugunsten eines neuen Hallenbades am Toeppersee geschlossen.

GEWINNER FOTOWETTBEWERB

Rheinhausen war eigentlich eine kleine Stadt, als 1961 das Hallenbad eröffnet wurde. Und das stand auch ein bisschen für Fortschritt. Wer hatte damals schon ein Hallenbad gehabt?

Dieses Hallenbad ist im Prinzip ein Stück Rheinhausen. Ganz Rheinhausen hat hier Schwimmen gelernt.

So habe ich meinen Freischwimmer bekommen, nur weil ich mit meinem Vater eine Viertelstunde schwimmen war. Und das Schöne ist: Mit meiner Tochter habe ich das auch so gemacht. Und es hat immer noch funktioniert.

Als ich 2011 das geschlossene Hallenbad betrat, habe ich mich an den Beckenrand gesetzt und all die Kindheitserinnerungen kamen noch einmal hoch. Das war für mich sehr bewegend.

Irgendwann wird sich dieser Ort komplett auflösen und ist nicht mehr da. Ihn jetzt anzuschauen, finde ich sehr traurig, weil man einfach so viele Erinnerungen an ihn hat.

Der Ort hat sich enorm verändert. Heute ist es eine Ruine, die auf den Abriss wartet, und manchmal wünschte ich ihm, nicht bei seinem weiteren Verfall zusehen zu müssen. Vielleicht wäre es besser, wenn er dann wirklich weg wäre.

Altes Hallenbad, Duisburg-Rheinhausen

Wenn mein Vater sonntags morgens am Fußende meines Bettes auftauchte, sanft an der Decke zog und der Träumende nur widerwillig erwachte, war dies der Beginn eines jener Rituale meiner Kindheit, das die lebhaftesten Erinnerungen hinterlassen hat. Während Mutter und Schwester noch schliefen, rollte ich schnell meine Badehose in ein Handtuch ein, nahm mit noch leicht verschlafenem Blick im Wagen neben meinem Vater Platz, und wir fuhren gemeinsam ins Hallenbad.

Noch während wir das Eintrittsgeld von wenigen Groschen an der Kasse zahlten, ließ mich schon der Geruch des Chlors meine Müdigkeit vergessen. Während mein Vater, nachdem er nur wenige Bahnen gezogen hatte, zum Bademeister ging, um dort einige Zeit zu schwatzen, begann für mich ein aufregendes Spiel. Vom Startblock sprang ich an der tiefsten Stelle ins Wasser und ließ mich auf den Grund des Beckens hinabsinken. Hier unten war für mich eine andere, eine geheime Welt, in die ich jedes Mal wie in eine vertraute Wohnung einkehrte. Die Dichte des Wassers trug und beschwerte den von ihm umfangenen Körper. Die Augen öffnete ich, soweit es mir möglich war, während die Geräusche der Filteranlagen und der hohe Knirsch-Ton des Wasserdrucks in mein Gehör drangen. Während die Schwimmer oben ihre Bahnen zogen, blickte ich von hier, wo sie mich nicht sehen konnten, zu ihnen hinauf.

Am Boden des Beckens lag so mancher Schatz, manchmal ein Geldstück oder ein verlorener Spindschlüssel. So lange es mir möglich war, blieb ich hier unten, tauchte dann auf zur Leiter an der Seite des Beckens und erneut begann der Tauchgang vom nächst entfernten Startblock. Einmal kam mein Vater, während ich am Beckenrand eine Verschnaufpause machte, von der Kabine des Bademeisters zurück und sagte: „Komm, mein Sohn, wir schwimmen zusammen eine Runde." Ahnungslos über den Gehalt meiner Worte antwortete ich: „Aber Papa, ich kann doch gar nicht schwimmen." Das Entsetzen im Blick meines Vaters werde ich vermutlich nie vergessen, nicht zuletzt, weil es die vorläufige Verbannung aus dem Schwimmerbecken und jener geheimen Welt an dessen Grunde bedeutete, dessen Exil mir von nun an das Nichtschwimmerbecken zu sein schien.

Nach fünfzig Jahren wurde das Hallenbad geschlossen. Es ist nun zu einem verschwundenen Ort geworden und steht somit in mehrfacher Hinsicht für entflohene Zeiten. 2011 ging ich noch einmal in das bereits geschlossene Bad, um dort mit einer Fotoserie an jenen Ort zurückzukehren, den es mir einst in Kindertagen bedeutete – in der Hoffnung, dort jenen Geheimnissen und Schätzen der Kindheit zu begegnen, die ich einst selbst am Grunde des Beckens zurückgelassen hatte.

Sabine Schulz

Sandbahn, Voerde

Sabine Schulz wurde 1964 in Dinslaken geboren.

Gut versteckt zwischen einem Wohn- und einem Gewerbegebiet befindet sich die Sandbahn in Voerde. Umsäumt von Bäumen und Heidegewächsen lädt dieser Freiraum bereits seit Jahrzehnten zum Spazierengehen und Entspannen ein. Der Ort ist geprägt von Ruhe und nur wenigen Voerdern bekannt.

GEWINNER FOTOWETTBEWERB

Sandbahn, Voerde

Wieder einmal waren mein Bruder und meine Schwester ohne mich weggefahren. Sie fuhren zur Sandbahn. Erst als ich zehn Jahre alt war, nahm mein Bruder Udo mich auch endlich dahin mit. Udo besaß ein Mofa mit länglicher Sitzbank. Er rief mir zu: „Halte dich gut fest!" Schon sausten wir durch den Wald und dann zur Sandbahn. Im Wald fing die Rennbahn bereits an. Es war eine wilde Berg- und Talfahrt, die zu einer großen Fläche mit Sand und einer verwilderten Wiese führte. Es war schwer für Udo, durch den tiefen Sand zu fahren, denn immer wieder drehten die Räder durch. Gerade das machte aber besonders großen Spaß. Ich hatte keine Angst, denn Udo fuhr mit mir als wertvoller Fracht viel vorsichtiger, als wenn er alleine unterwegs war. Davon ahnte ich aber nichts. Später stellte ich fest, dass man auch ohne Mofa prima mit dem Fahrrad die Hügel hinauf und wieder hinunter sausen konnte. Damals war die Sandbahn ein Werksgelände, welches nie genutzt wurde. Der Besitzer war die Firma Babcock in Voerde-Friedrichsfeld.

Die Sandbahn wurde mein zweites Zuhause. Hier wurde ich vom Kind zu einer Jugendlichen. Das waren die Jahre 1975 bis ca. 1988. Mein bester Freund und ständiger Begleiter war damals unser Dalmatiner Selmo. Mit Selmo und meinem Fahrrad fuhr ich stets zuerst zu einem Kiosk und danach zur Sandbahn. Während Selmo sich im Wald vergnügte, trank ich auf der Sandbahn meine erste Flasche Bier. Dort träumte ich von John Travolta. Dort war ich frei und niemand nervte mich. Ich war der Meinung, dieser Platz gehöre nur mir. Erbost war ich, als sich auf „meiner Sandbahn" einmal richtige Motorradfahrer vergnügten. Ein anderes Mal breiteten sich etwa dreißig Personen auf dem schönen weichen Sand aus. Die Menschen saßen auf bunten Decken und die Frauen hatten die größten Ohrringe in den Ohren, die ich je gesehen hatte. Alles an diesen Leuten war bunt. Die Schultertücher mit den Fransen, die Kopftücher, die Pumphosen, die Pullover, einfach alles. All diese Menschen hatten schwarze Haare und schwarze Augen.

Auf der Sandbahn gab es einige versteckte Besonderheiten. Da habe ich eines Tages einen wahnsinnig großen Brombeerstrauch entdeckt. Der war so hoch, dass ich an die obersten Früchte gar nicht herankam. Unsere Nachbarin Elisabeth, meine Vize-Oma, liebte Brombeeren. Die Vize-Oma nannte mich ihr zugelaufenes Enkelkind, und sie war die einzige Erwachsene, die mit mir zur Sandbahn ging. Wir pflückten damals eifrig die Früchte, die es einfach so umsonst gab. So wundervoll süße und aromatische Früchte gibt es heute gar nicht mehr. Allerdings waren die Dornen tückisch. Meine Hände waren total zerstochen, und ich hatte mir meine Kleidung an den Dornen zerrissen. Meiner Vize-Oma ging es ebenso.

Übrigens habe ich, wenn ich im weichen Sand lag, nicht nur von John Travolta geträumt. Da war ein Junge in der Schule, den ich toll fand, und später interessierte ich mich auch für Heribert. Direkt neben der Sandbahn war ein Bauernhof. Da wohnte er. Oft traf ich Heribert im Wald, denn er ging genau wie ich mit dem Hund spazieren. Unsere Hunde bellten sich stets angriffslustig an, was eine Unterhaltung unmöglich machte. Ja – und jeden Freitagabend sahen wir uns beim Schwimmen im Hallenbad. Doch auch dort war eine Unterhaltung schwierig, denn mein Bruder passte zu sehr auf mich auf.

Einmal habe ich auf der Sandbahn eine tief ausgehobene Grube entdeckt. Es war Herbst und der Boden der Grube war mit Laub bedeckt. Man konnte jedoch gut erkennen, dass unter dem Laub gefüllte Plastiktüten lagen. Wozu die Grube gut sein sollte, blieb mir ein Rätsel, und was in den Plastiktüten war, konnte ich nicht herausfinden, weil ich zu viel Angst hatte. Wäre ich in die Grube gesprungen, um nachzusehen, so wäre ich vielleicht nicht mehr alleine herausgekommen. Irgendjemand hat behauptet, dass in den Plastiktüten Welpen waren, die jemand auf grausame Weise loswerden wollte.

Es ist eine kleine Ewigkeit her, dass ich zuletzt auf der Sandbahn war, doch nun habe ich sie tatsächlich nach über dreißig Jahren wiedergesehen. Es hat sich nicht wirklich viel verändert, und das finde ich einfach wundervoll. Die Sandbahn ist immer noch ein ruhiger Ort zum Träumen.

GEWINNER FOTOWETTBEWERB

„

Ich bin in Dinslaken geboren. Meine Heimatstadt ist aber Voerde. Bereits vier Generationen meiner großen Familie lebten in Voerde: mein Urgroßvater, meine Großmutter, meine Mutter und nun auch ich. So ist es nur natürlich, dass man mit der Stadt Voerde verbunden ist. Voerde hat ca. 37.000 Einwohner.

Meine Schwester war überrascht, als sie hörte, dass die Sandbahn für mich ein besonderer Platz in meinem Leben war. Sie hat diesen Ort nie für besonders gehalten. Doch selbst meine Mutter war früher oft auf der Sandbahn zu finden – das hat sie mir jetzt erst erzählt.

Gäbe es die Sandbahn nicht mehr, wäre das sehr schade. Ich finde es schön, dass sie nicht bebaut wurde, und das nach über 30 Jahren. Hoffentlich bleibt das auch weiterhin so.

Es ist kaum zu fassen, wie grün es heute hier ist. Die vielen, unglaublich großen Bäume verändern das Bild, das ich noch im Kopf habe. Früher war der größte Teil des Grundstücks mit Sand bedeckt und eine eher graue Wiese und Sträucher prägten das Bild der Sandbahn.

„

Die Abschlussveranstaltung im Unperpekthaus, Essen

Im Februar 2015 stellte die Arbeitsgruppe ihre Forschungsergebnisse auf einer Abschlussveranstaltung in Essen erstmalig der Öffentlichkeit vor. Viele der an Bildband und Fotowettbewerb beteiligten Personen waren mit ihren Familien und Freunden dafür ins Unperfekthaus gekommen. Dort präsentierten die Wissenschaftler/innen die Umfrageergebnisse zu Leben und Forschen im Ruhrgebiet, die persönlichen Geschichten ausgewählter Ruhrgebietsbewohner/innen sowie die identitätsstiftenden Orte, die sich auch in diesem Bildband wiederfinden. Die überwiegende Meinung der Befragten lautete: Die Region hat sich positiv verändert, und die Menschen leben sehr gerne hier!

Dieses aufschlussreiche Ergebnis gab ausreichend Gesprächsstoff, um sich auch nach der offiziellen Präsentation mit der Arbeitsgruppe über den Imagewandel des Ruhrgebiets auszutauschen.

ABSCHLUSSVERANSTALTUNG

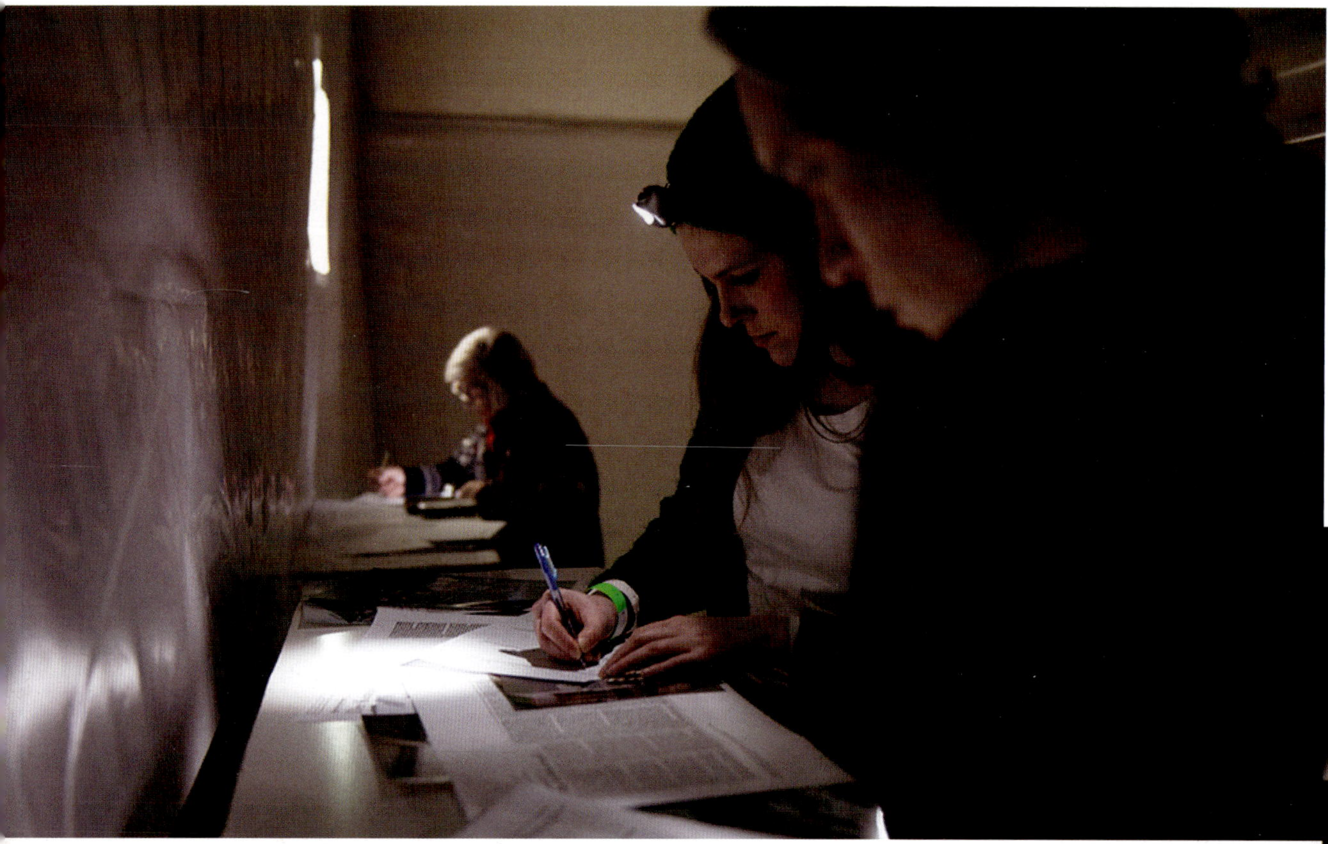

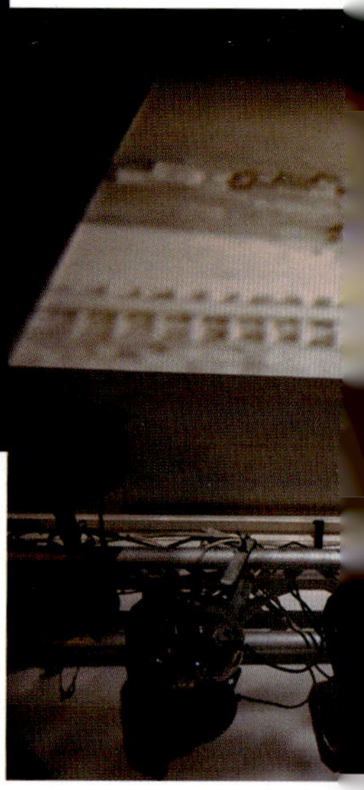

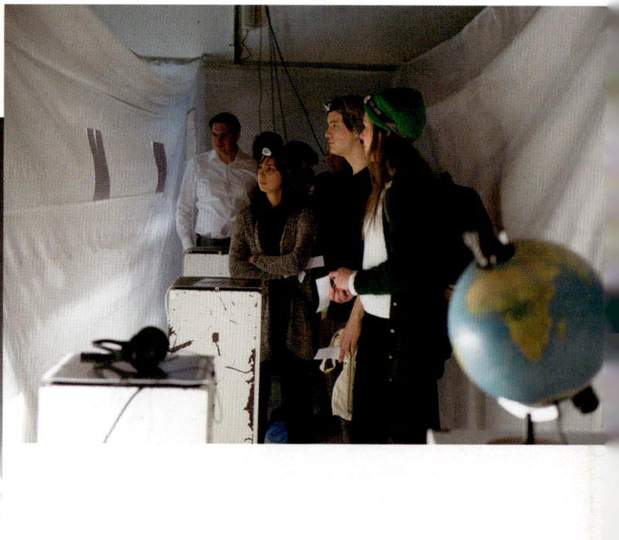

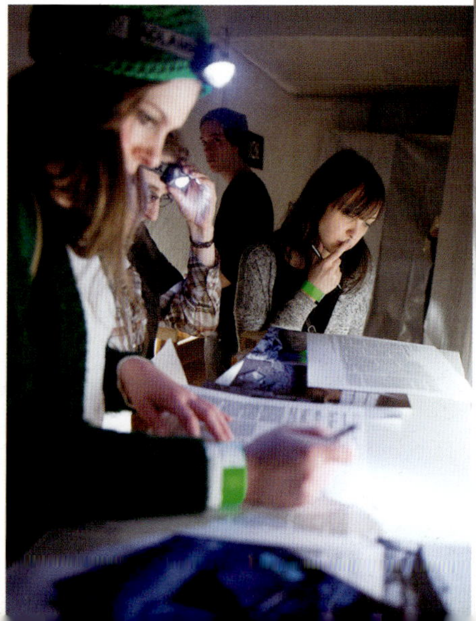

PERFORMANCE

Interaktive Performance des Theaterkollektivs Anna Kpok: Zeitspielräume

Großes Interesse weckte auch die zeitgleich stattfindende Performance „Zeitspielräume" des Bochumer Theaterkollektivs Anna Kpok, die die Forschungsergebnisse der Arbeitsgruppe künstlerisch umsetzte. Eine begehbare Installation mit verschiedenen interaktiven Stationen stand dabei im Mittelpunkt. Vergangenheit, Gegenwart und Zukunft des Ruhrgebiets wurden für die Teilnehmer/innen zu einem spannenden Erlebnis. Die Besucher/innen erkundeten die zukünftige Identität des Ruhrgebiets und entwickelten eigene visionäre Gedanken für das Ruhrgebiet.

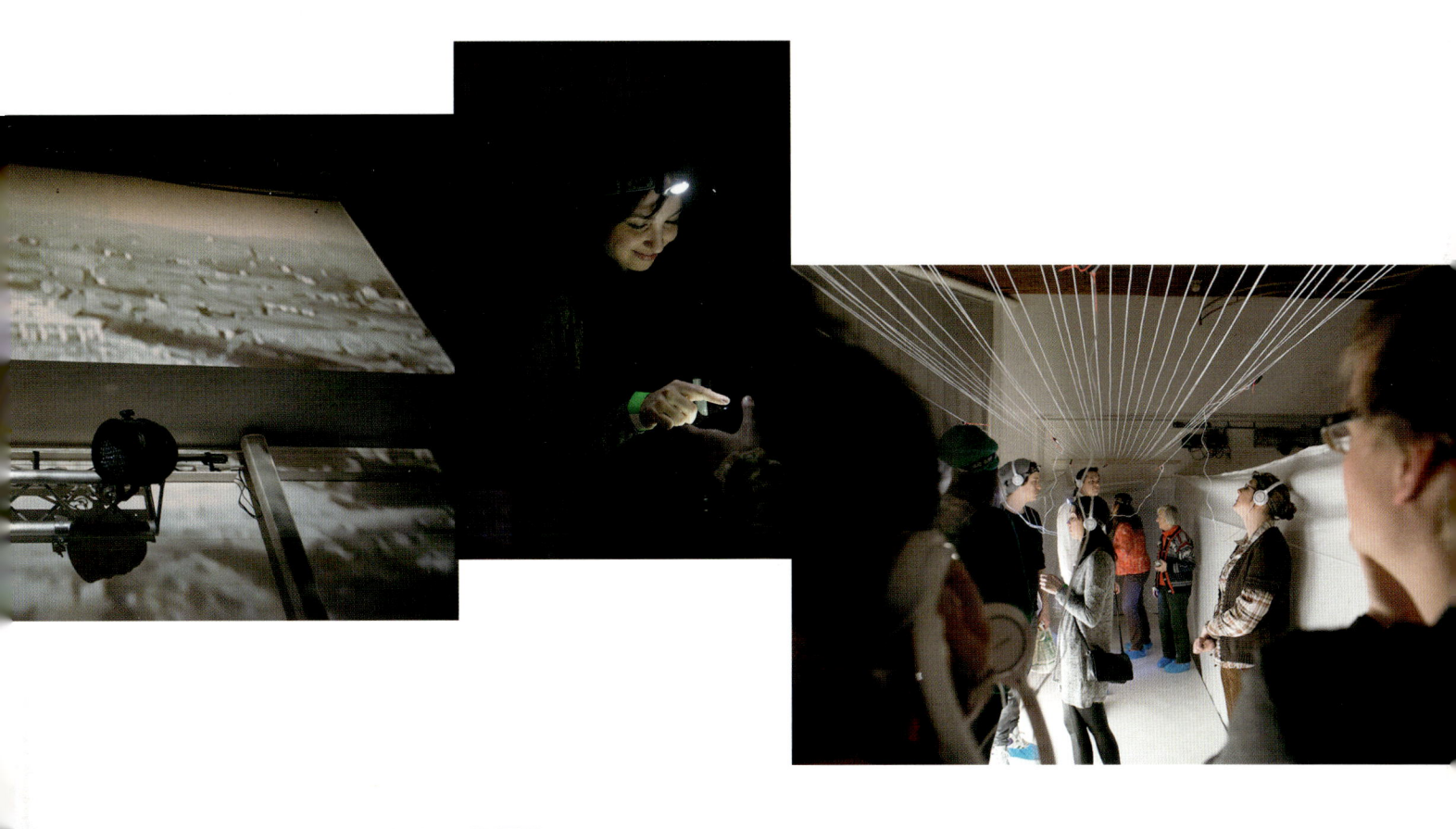

GYF Arbeitsgruppe

Ann-Christin Bauke,
Mercator Research Center Ruhr

Joscha Beckmann,
Universität Duisburg-Essen

Jana Hertwig,
Ruhr-Universität Bochum

Stephanie Joachim,
Ruhr-Universität Bochum

Stefan Kaluza,
Fraunhofer UMSICHT

Franziska Rehlinghaus,
Zentrum für Zeithistorische Forschung Potsdam

GYF ARBEITSGRUPPE

Björn Behr,
Ruhr-Universität Bochum

Maria Bucsenez,
Mercator Research Center Ruhr

Robert Czudaj,
Universität Duisburg-Essen

Rudolf Kley,
Ruhr-Universität Bochum

Rabea Kohnen,
Ruhr-Universität Bochum

Mario Reimer,
Institut für Landes- und
Stadtentwicklungsforschung

Julia Sattler,
Technische Universität Dortmund

Christoph Schuck,
Technische Universität Dortmund

Danksagung

Sehr herzlich möchten wir den Menschen danken, die uns im Verlauf dieses Projekts begleitet und unterstützt haben.

Ohne die finanzielle und ideelle Unterstützung der Stiftung Mercator hätte dieses Projekt sicherlich nicht realisiert werden können. Dafür bedanken wir uns sehr. Gleichermaßen gilt unser Dank allen Personen, die unseren Bildband mit Inhalten gefüllt haben. Dazu gehören die Wissenschaftlerinnen und Wissenschaftler, die die Fachtexte für unseren Band verfasst haben ebenso wie die Menschen aus dem Ruhrgebiet, die uns ihre Geschichte erzählt und uns ihre ganz persönlichen Bilder der Region gezeigt haben. Neben den Gewinnerinnen und Gewinnern unseres Fotowettbewerbs und den Wissenschaftlerinnen und Wissenschaftlern aus der Region, die hier abgebildet sind, möchten wir auch die weiteren Beitragenden zum Wettbewerb nennen, die uns dabei geholfen haben, das Ruhrgebiet und seine Menschen besser kennen zu lernen. Sie alle haben unser Projekt zu dem gemacht, was es nun geworden ist.

Weiterhin möchten wir ganz besonders herzlich danken: Rüdiger Frohn, Vorsitzender des Beirats der Stiftung Mercator und Dr. Hans Stallmann, Koordinator der Universitätsallianz Ruhr, die unser Projekt von Anfang an mit großem Engagement begleitet haben; Dr. Ann-Christin Bauke, Dr. Maria Bucsenez, Dr. Dagmar Eberle, Isabell Hilpert, Prof. Dr. Winfried Schulze und Sandra Steingrube, die uns bei MERCUR stets mit Rat und Tat zur Seite standen; Marita Bullmann und Fatih Kurceren, die die Menschen in diesem Bildband fotografiert haben; Martin Schmelzer, der entscheidend zur Auswertung der Umfrage für diesen Band beigetragen hat; das Unperfekthaus in Essen sowie Dr. Ludger Claßen (Verlagsleitung) und sein Team beim Klartext-Verlag in Essen.